當死者說話時

犯罪迷必讀！
最緊張懸疑的第一手真實案件，
看資深法醫如何抽絲剝繭，
為死者發聲

Wenn die Toten sprechen:
Spektakuläre Fälle aus der Rechtsmedizin

克拉斯·布許曼 Claas Buschmann 著　魏佐君 譯

獻給我的家人

目錄

柏林市中心，早上七點剛過。經過閃閃發亮的中央車站，沿著監獄的圍牆，走進莫阿比特的舊工人區，在這裡，新舊建築交互林立，從眼角餘光可以瞥見莊嚴的普魯士刑事法庭。繼續往前走，在停車護欄的後方，是一幢有許多窗戶的方形建築。這裡看起來有點歷史了，但依然有種內斂的現代感，進入後首先面對的是一條寬敞的長長走廊，看起來有點像醫院，但是又比醫院更安靜；牆上的玻璃展示櫃放著處理過的手、腳、頭顱，有些還能看出槍傷的痕跡。

從右手邊可以進入更衣室，把日常的便服掛進衣櫃，換上沒有鈕扣的藍衣藍褲；脫下便鞋，換上膠鞋，再加上剛拆封的圍裙和一次性手套，不用戴口罩。在更衣室後方，有一道門可以通往下一條走廊，到了那裡就能聞到了：一種甜甜的、腐敗的氣息，有些人會覺得很刺鼻。再往前走幾步，有一扇巨大的拉門，上面有著一扇玻璃圓窗。透過窗戶就能看到四個平行的金屬台，在每張台子的尾端都有個裝滿水的水槽，旁邊放著剪刀、手術刀、鑷子、針線。

而仰躺在台上，清洗過並用白布覆蓋的，是四具屍體。

這四個人在昨天、前天或三週前依然活著，呼吸著，說著話。

他們是誰？他們的身上發生了什麼事？

他們的身體能說出死亡的真相嗎？

柏林市中心，七點半剛過，六位法醫走進解剖室，準備開始一天的工作。

前言

雖然我在柏林住了很多年，但人們還是能輕易從我的口音聽出我來自漢堡，最近我又回到了北德。我並不是從小就立志成為一名法醫，也並非來自醫生世家。事實上，醫學甚至是我嘗試過的第三個專業。在高中畢業後，我一開始根本不知道自己未來想做什麼。我對醫學的興趣更像是偶然之間產生的：在一九九〇年代中期，我出了一場嚴重的車禍，那時我還是一名新手上路的駕駛，因為路面結冰導致我打滑撞上了一棵樹。救護車趕到現場後，幾位年輕男子把我從汽車殘骸裡拉了出來。我的傷勢並不嚴重，算是不幸中的大幸。在前往醫院的路上，我和其中一名救護人員聊了一會兒，他向我解釋他的工作內容。而就在那時我突然覺得：救護工作聽起來好像不錯，也許會滿適合我的。

於是，我選擇了在救護車工作的民間役務，為期十三個月，過程可說是無比緊湊。每天早上我們到達崗位，準備開始工作，完全無法預料當天會面臨什麼樣的狀況。正因如此，在服役結束後，我緊接著開始接受緊急救護人員的培訓：我的第一份工作！但很快我就發現，這對我來說並不足以應付生活。這份工作有長遠的保障嗎？從五樓把人抬下樓，搬上救護車——這份工作大概可以做到三十歲，然後有很高的機率會讓我的背搬出毛病，我的疑慮因此漸漸增長。彼時，我有許多朋友都在進行商業方面的職業訓練，所以我也決定要轉換跑道。我的工商管理培訓是在一間頗具規模的製藥集團結訓的，遺憾的是我很快就發現自己真的一點都不適合坐辦公室工作。我打起精神，努力完成了這個培訓，但心裡卻很清楚，這是我絕對不會選擇的職業。

不知不覺，我已經二十歲出頭，完成了兩個職業訓練，但對於自己該如何謀生依然毫無頭緒。「去讀醫學嘛。」我當時的女朋友給了這樣的建議。醫學？我的高中畢業成績還滿爛的，而且我得承認，我的內心深處是有點懶惰。但我已經累積了足夠的等待學期❶，可以馬上取得入學資格，所以何不試試呢？於是在二十三歲那年，我開始於漢堡大學就讀醫學院。我的計畫是要成為一名麻醉師兼救護車駕駛，也就是說，我想成為急診科的醫師。因此，我修習了相關的課程，博士論文寫的也是麻醉相關主題。一開始我完全沒想過要成為法醫，甚至還覺得這是個有點怪異的學科：身為醫生，所做的一切卻都只和死者有關，這到底有什麼樂趣？直到經過一次實習後，我才發現自己漸漸被這門學科所吸引。我發現它很適合我，而

1 藍色時刻

很多人會把法醫想像成一份令人毛骨悚然的工作，因為我們每天都要面對死者：高大的、瘦小的、年幼的、年長的……除此之外，甚至還有被支解或腐爛得面目全非的屍體。即使如此，我卻完全不覺得屍體檢驗是一件沉重的工作。為什麼呢？並不是因為我已經麻木了，正好相反：

因為死者已經放下這一切了。

因為他們已經脫離磨難，不再痛苦了。

與之相反的是我們生者，我們依然必須面對眼前的死亡，這有時的確會非常殘酷，對於那些直接或間接參與其中的人而言，也是極為沉重的。

身為醫學院的學生，我就曾經在毫無準備的情況下陷入這種境地。那是某年盛夏，當時我在週末幾乎都還是會去開救護車，好賺取一部分的學費。我的工作區域是漢堡的市郊，工作時間是二十四小時一輪，也就是說：從週六早上開始，一直持續到週日早上，整整一天二十四小時都要值勤待命。時至今日，出於各種不同的理由，我對這樣的工時抱持著疑慮。畢竟二十四小時不睡明顯會降低人的集中力，這種狀態和輕微醉酒沒有什麼不同。即使是處於這樣的情況下，救護人員也要隨時做好準備，拯救他人的生命。在執勤過程中，他們很可能必須在寥寥數秒內做出攸關生死的重大決定，這有時很容易，有時很艱難，有時則根本不是一般人能辦到的。

除此之外，身為一名救護人員，在郊區和城市遇到的事件相當不同。我常常在大城市遇到把救護車當成社會救援隊的人，很多人會打電話叫救護車，然而當我們到達現場，才發現他們遇到的狀況根本不需要我們出動。而且，如果我們沒有在兩分鐘內到達現場的話，還常常被民眾責罵；鬥毆事件在日常勤務中也是屢見不鮮，這點從以前就是如此，直到現在仍沒有改變。我當時在工作中都會隨身攜帶胡椒噴霧，如果遇到緊急情況可以用來保護自己。值得慶幸的是我長得很高，到目前為止都能成功自我防衛，大部分情況都還停留在口頭上。遺憾的是，針對救護人員的暴力行為早已不是新聞。如果在大城市裡接到 112 求救電話❷，常常會和飲酒過量、爭執或鬥毆有關。這種情況往往不需要救護車到場，直接搭計程車前往急診室便足矣。有時候，當事人需要做的只有回家躺在床上休息，等待醉意消退，並好好睡上一覺。

然而郊區的情況便有所不同了。如果指揮中心接到求救電話，通常是真的有事發生。除此之外，郊區各個地點之間的距離也比城市要遠得多，即使是簡單的出勤，往返大概也需要花上兩個小時。當急救人員抵達某個現場，有時候可能必須等上半小時，急診科醫生的車輛才會到場。

讓我們說回故事發生的那一天。當晚，我在下薩克森邦一座小城市的附近執勤。那天與我共事的夥伴正在服民間役務，他剛從救護學院結訓，完全沒有醫療相關的經驗，而且才剛成年不久。我為什麼要提到這些呢？因為我們在這個晚上所經歷的事件，即使對於專業人士而言都非常難以消受。值勤時間過了三分之二，白天和傍晚都平安度過了，沒有任何重大事件發生。話雖如此，我們的工作依然排得滿滿的，幾乎找不到時間停下來吃點東西或喝水，更別說是稍微躺一下了。直到時間進入深夜，我們才終於盼來幾小時的寧靜。

然而大約在凌晨兩點半左右，我們的電話響起：在某個畢業舞會上發生了鬥毆事件。這件事聽起來不怎麼嚴重，但誰知道會發生什麼呢？當我們趕到舞會的現場，看到那裡只坐了幾個醉醺醺的畢業生，其中一人抱怨自己被揍了，現在他的腳很痛。面對這種情況我可笑不出來，這哪算是什麼緊急情況。

「給我聽好，」我不客氣地說：「現在可是三更半夜！你明天早上再自己去看醫生，我們現在要回去了。」這聽起來也許有點沒禮貌，但有時候就是得把話講清楚。

我們發動車子往回走，突然之間，救護車上的無線電瘋狂地響了起來，背景是一片混亂，我們只聽見：「交通事故，情況不明。」然後無線電裡報出一連串不同的街名，這可謂是相當不尋常。到底發生了什麼事？地點在哪裡？當下沒有人知道更進一步的資訊。就在此時，我們的指揮中心也傳來緊急通報：我們現在應該立刻前往事發地點。當時，我還因為先前的畢業舞會事件而感到有點煩躁，主要是因為真的感到很疲勞。於是我想：搞不好又是個因為肩頸疼痛而想要我們載他去醫院的人罷了。那時，我還不知道這個想法錯得有多離譜。

在我們趕路的過程中，時間來到了清晨四點半，也就是人們常說的「藍色時刻」[3]：天不是完全漆黑一片，也尚未完全亮起。在路旁的草地和原野上薄霧隱隱，深邃的藍光籠罩，近乎一幅超現實的光景。我想，看到這種景色的人，應該會感到如夢似幻吧。我們疾馳過最後一、兩公里的路途，然後看見了事故現場。

在稍晚之後，我才得知事件的全貌：有一群青少年來到當地的迪斯可玩樂，這天晚上，他們和一群來自外地的團體起了爭執。這些青少年表現得很冷靜，他們決定不要把自己牽扯進激烈的爭辯中，不想讓情況演變為鬥毆事件，也不想毀了這個美好的夜晚，於是他們達成共識：「我們就一起走路回家吧。」在這群青少年中有一位十九歲的少年，他剛拿到駕照，當時稍微有點醉了。儘管他是開車前來，但此刻決定要跟大家一起走路回家，這是個正確的決定。於是，這群人步行朝著市中心的方向前進，因為這個迪斯可位於郊外的一個工業區。

然而，就在他們慢慢散步回家時，一輛汽車突然疾駛而來，在他們面前停下，是剛才找麻煩的另一個團體。透過打開的車窗，裡頭的人對著那名十九歲的少年叫囂：「我們可找到你留在停車場的車啦，還把它刮了一通呢！」說完，他們便絕塵而去。這完全激怒了這個少年，很顯然，那輛低底盤的福斯 Golf 是他的寶貝。這名新手駕駛叫上自己最好的朋友，一路跑回迪斯可。當他一回到停車場，便憤怒地坐上車，載著他的好友開始飛馳，他想要追上那群肇事者。

此時，他其餘的朋友還在慢慢沿著這條鄉間道路往回走，而車主正由後方高速疾馳而來，時速大約有每小時一百公里，就在他想要稍微向左的時候，汽車失去了控制，而那個方向正好是朋友們所在的位置。他撞上馬路與人行道的分界，整輛車衝上人行道，直直衝向他的朋友們。一切就宛如悲劇的命運一樣，就那麼剛好，汽車撞倒了車主十七歲的女朋友，以及一位十六歲的少女，她是坐在副駕駛座那位少年的女朋友，接著整輛車撞上一棵樹。這條路旁有一個微微往上的斜坡，被一些樹叢覆蓋，兩位少女就這樣被衝擊力拋進了樹林中。

當我們到達現場時，自然是不知道上面所發生的一切。我們轉過最後一個彎道，在熹微的晨光中，第一樣映入我們眼簾的事物就是那台撞毀的低底盤 Golf，橫跨在兩線道之間。

我的腦中馬上浮現第一個疑問：這輛車的位置怎麼這麼奇怪？而且現場怎麼沒有看到第二台事故車輛？雖然沒有明確表示，但我們來的過程中本來預期會看到兩輛車的事故現場。接著我發現，在距離街道幾公尺外的斜坡上，有許多人在樹林裡或站或坐，有些人躺在地上，有些則跑來跑去。他們在斜坡上做什麼？乍看之下，眼前的情況實在令人無法理解。

因為馬路和人行道上都散落著汽車的殘骸，所以我們的救護車無法靠近事故車輛和斜坡。警察應該是比我們稍微早一點抵達了現場，一位年輕的警察朝我們衝了過來，一腳踢開路上的保險桿，他的眼睛睜得大大的，好像下一秒就會大叫：「快過來！」直到那時我才意識到：一定發生了一些可怕的事。當你看到警察或消防員開始狂奔，就代表大事不妙了。我的眼角瞄到一位來自另一輛救護車的同事，他比我們早幾分鐘到達現場，已經穿過樹叢來到斜坡下方。和他一起執勤的役男也相當年輕，此刻正坐在斜坡上的樹叢中，旁邊有一位稍微年長的警察。當我看見這名警察抱著一位沒有生命跡象的女孩流淚時，立刻跑上前去大喊：「我們馬上來接手！」我從警察手中接過這位女孩，小心翼翼地讓她平躺在樹林的地面上。表面上，她看起來幾乎毫髮無傷，沒有撕裂傷、沒有血泊。為了查看她的傷勢，我剪開了她的衣服。

幾乎在每一起案件中，都會有一些小細節深深留在腦海裡，觸及並撼動人性的那一面。我至今仍然記得很清楚：這個女孩身上的衣服很精緻，她原本一定相當期待這個夜晚，為了朋友之間的聚會精心準備。這完全不干我的事，我一點都不想認知到這些，我一邊想著，一邊開始實施心肺復甦術，從心臟按壓開始。但是在我壓了第一下後，馬上發現女孩的整副胸骨已經塌陷，發出了嘎吱聲。她的上半身已經沒有完好的骨頭，我甚至感覺不到她的脊椎，只感覺得到她身下的草地。毫無疑問，這位女孩已經不幸身亡了。儘管如此，我們也沒有停下急救，甚至透過她破碎的嘴部進行插管，將人工氣道放入她的氣管中。

這種損傷模式被稱為「大面積挫傷」，和刺傷或槍傷不同，從外觀幾乎看不出受傷的跡象。許多人可能不知道，人類的皮膚其實是非常有彈性的，即使是在受到強烈的衝擊後，依然能將身體表面維繫在一起。因此，對於那位哭泣的警員（女孩大概是在他懷裡斷氣的，我後來得知，他的女兒正好和死者一樣大）和其他目擊證人來說，他們也許看不出這位女孩已經回天乏術了，因為從外表看起來，她不過像是昏迷不醒罷了。我們還是繼續實施心肺復甦與插管，即使我們在第一下按壓就已經清楚知道，不管再怎麼做，也無法挽回女孩的生命了。事實上，在執行救護工作的過程中，有一定得遵守的原則：身為救護人員，我們無權在開始進行心肺復甦後，依照自身的判斷停止急救，並宣布死亡，只有醫生才有資格這麼做，但當時在意外現場還沒有任何醫生到場。現在回想起來，感覺就像是過了永遠那麼久，才終於等到一名醫生抵達。他一到場，我們就立刻停止徒勞無功的心肺復甦，而在整個過程中，完全看不到女孩有任何生命跡象。

也是直到這時，我才有餘力觀察周圍的狀況，並評估這場意外的規模。現場簡直難以用言語形容，我甚至覺得自己像是身處在炸彈轟炸過的殘骸，眼前是有如世界末日一般的災難光景：幾十名恐慌的青少年，有一部分喝醉了，大部分人完全陷入歇斯底里的狀態；有些跑來跑去、大聲嚎哭著，有些則依偎著彼此啜泣。汽車駕駛只受了一點輕傷，但他完全陷入了驚嚇狀態。在我檢查他是否有受傷時，他只是喃喃自語，眼神穿透我看向不知名的地方。坐在副駕駛座的少年，也就是死者的男朋友，則是發狂般地跑來跑去，用緊握的拳頭不斷敲擊自己的腦袋，完全陷入神智不清的狀態，就像是想把自己從這場可怕的噩夢中打醒一樣。

最終，我們和另一組救護團隊一起將第二位女孩解救出來，她在意外發生時被汽車拋飛到了樹叢中。當我們救出她的時候，她發出了痛徹心扉的哀號，這是一個很好的跡象：活著的人才會哀號。我們把她送上救護車，隨行的急救醫師決定將這位女孩送到距離此處最近的醫院，僅僅在幾公里之外。事後證明，這是個非常正確的決定。若是長途跋涉，將女孩送到所謂的「大型護理醫院」，例如大學附設的醫學中心，她極有可能無法倖存下來。因為受到嚴重的內傷，所以當下必須立刻進行緊急手術。

第二位女孩就這樣成功度過險境，幸好她被送往的那間小醫院有著完善的手術設備，讓她的傷勢能夠先穩定下來。就我所知，幾天之後她就被轉往一間更大的醫院，接受進一步的治療。

而我們呢？

我們開車回到了救護站，有條不紊地準備結束這次的勤務：整理並清潔車輛、收拾東西、換衣服、回家。醫院並不會提供我們心理輔導，不管是這次的事件落幕後，還是我職業生涯中所經歷的任何案例都沒有。不過倒是有一次例外，我會在本書之後的章節裡介紹到。

在這個將近二十年前的夏夜，兩位少年跳上車，不久之後便撞倒兩位年輕女孩，也就是他們的女朋友，其中一位就此和他們天人永隔。經歷了這一切後，我在週日早晨回到家中，彷彿只是結束了一次普通的值勤。

當我關上家門後，我當時的女朋友從廚房裡隨口問道：「你的工作如何了？」我沒有辦法回答她，因為我在聽到這個問句的瞬間便泣不成聲。

和需要外出跑現場的救護人員比起來，法醫的工作就比較沒那麼擾亂心神了。我們的工作場所（也就是解剖室）和手術室其實很像，我們每天在習慣的環境下工作，和熟悉的同事相互配合，不會被捲入突如其來的事件當中。當然，我們所面對的屍體各有不同，他們背後也有著不一樣的故事，但我們的操作、器械、設備和檢驗方式都是一樣的。我們並不需要一直和時間賽跑，時時處於決策的壓力下，而是能冷靜地處理自己的工作。因為對法醫而言，擺在眼前的不再是生死交關，不再需要做出拯救生命的決策，而是要還原真相與正義。每當我們被召集到事故或犯罪現場時，我們總是最後抵達的，所以不常出現「和死者家屬一起待在客廳」這種場面，我們也不需要承擔傳達死訊的責任。

即使如此，這並不代表我的工作就沒有難熬的時候。二〇一六年十二月十九日，星期一，就是一個特別艱難的日子。當天晚上，我和家人一起坐在披薩店裡用餐，這時電話響起：柏林的布萊茲雪德廣場（Berliner Breitscheidplatz）發生了恐怖攻擊，若干名死者，許多人傷勢嚴重，情況不明。大約在晚間十點，我和同事們抵達了現場，包括我在內共有五名法醫被呼叫而來。此時救援工作已經結束了，傷者都得到了初步的救治並被送往醫院，現在換我們來照顧死者了。

當我坐在車裡，朝著夏洛滕堡（Charlottenburg）方向行駛時，心中總有種不安的感覺。沒有人知道在現場等待我們的會是什麼，會不會有遭到「二次襲擊」的風險，也就是一段時間後的第二次攻擊。當時，我太太懷著一對雙胞胎，我就快要當爸爸了，而我並不想只以黑白照片的形式參與孩子們的人生。在我準備出發之際，我太太也有相同的疑慮：「現場真的已經安全了嗎？」

彼時，事發地點籠罩著一片詭譎的寂靜，我感覺到眼前是一個極具象徵意義的場景，恐怖分子也許是有意為之。時間臨近午夜，我們站在燈火閃爍的紀念教堂下，四周是一片狼藉的聖誕市集，到處都是四散的基督象徵：破碎的天使、毀壞的聖誕星星……而在這些殘骸之中，有一輛黑色的卡車，就像是從地獄裡衝出來的一樣，彷彿大地開裂，吐出了這麼一輛大卡車。周遭是一片死寂，卻仍然可以聞到聖誕市集上無處不在的黃芥末、熱紅酒和烤杏仁的香氣。

對於所有相關人員來說，回收屍體永遠是個非常煎熬的時刻，因為我們知道：不久之前，這具身體裡還有一個「人」，不久之前他還有一個名字、一個住址、一段人生經歷、一些親屬。從前，在我還是一名年輕的救護人員時，偶爾會聽到前輩醫生說起一句格言：「有些事情還是只在報紙上讀到會比較好。」時至今日，我對這句話已然深有體會。

身為消防員、急診科醫師、警察或救護人員所經歷過的事件，也許比世界上所有的法醫解剖都來得沉重，也更容易讓人留下創傷。這些第一線人員總是直接被捲入難以預知、意想不到的緊急情況中，儘管如此，他們還是必須採取正確的行動，完成自身的工作。他們不可能轉過身說：「不好意思，我現在沒心情處理這些事。」因此，我們應該向這些人士致上最高的敬意。

❷ 譯註：112是德國的緊急救難號碼。
❸ 譯註：「藍色時刻」指的是清晨或黃昏時，太陽在地平線下，但天空呈現一片藍色的現象。

2 慶生會

我們法醫不只會待在解剖室裡工作，也會固定執行所謂的現場勤務和後勤支援。也就是說，當警方呼叫的時候，我們就會出動。此時，負責現場勤務的同事們會前往現場，而後勤支援的同事會負責接受案件相關的諮詢和問題，如果需要馬上進行解剖，也會由後勤的同事負責。屍檢都是兩個人一組，這是刑事訴訟法規定的。你可能有在刑偵片裡看過那種一個人幹活、脾氣差又厭世的「法醫」，在沒有窗戶的地下室獨自解剖屍體，還會在屍體旁邊吃麵包，這些當然都是亂演的。屍體檢驗一向都是團隊作業，除此之外，我們的工作場所也有窗戶，並不會這麼「見不得光」。

近幾年我常跑現場，而且前往的目的地通常都很類似，我從來沒去過那種有黃金水龍頭的別墅。當然，生活富裕的人偶爾還是會成為凶殺案的受害人，甚或彼此殘殺，但卻並非常態（順便一提，身為法醫，我不會用「謀殺」這個詞，因為一起案件是否屬於謀殺必須交由司法機關來定奪）。大部分時候，凶殺案都還是在生活條件較差的環境裡上演。我有時候會想：這是否就是優越生活的反面，是許多人得以豐衣足食的代價呢？在社會的邊緣，一切都是如此不同，每天都有人陷入由毒品、酒精和暴力所支配的生活困境中。

舉例來說，在柏林一直有無家可歸者被殺害的案件，如果要粗略地描述案情，就是當事人在爛醉的情況下互相傷害，最終導致命案發生。一般大眾很少會認真看待這些事件，有些人也許也並不想知道那麼多骯髒的細節，所以新聞媒體對此也不會大肆報導，通常都是簡略提及而已。然而，在寥寥數行文字報導的背後，卻是無家可歸者令人震撼的命運。這類型的命案過程總是驚人地相似，行凶者很少用到武器，而是對被害者拳打腳踢。到頭來，這些被暴力毆打致死的被害者死狀看起來都很類似。儘管如此，還是有一名死者讓我印象非常深刻：陽台上的男人。也許是因為那個案子即使對我們這個經驗豐富的法醫團隊來說，也太悲慘、太離奇了。

那是九月的一個週末，我整週都負責現場勤務。週六凌晨大約三點，電話突然響了：警方請我到魯鐸區（Rudow）一個相當安靜、不起眼的住宅區。

有個男人住在這裡的一棟簡陋公寓，他的住所只有一個房間，既髒亂又缺乏打理，但至少還是個能遮風避雨的屋子。很顯然，這個男人是親朋好友中為數不多「居有定所」的人。如果是無家可歸者，通常會在公園、車站或某個酒館外面碰頭，不過這名男子提前兩天邀請了三個朋友到他家聚會，他們顯然要一起為其中一個朋友慶生。你可能會覺得，故事到這邊都還算和平，然而其中兩位「客人」相當具有攻擊性，有多次暴力犯罪的前科。比較年輕的大約三十幾歲，他就是這次的壽星，而比較年長的男子大約五十幾歲。除了他們之外，第三位客人是個比較瘦弱的男子，個性被動又安靜。

這場生日派對從下午開始，主要的內容是：一瓶又一瓶的伏特加，被幾個男人不斷喝下肚。很快地，氣氛變得有點不對勁，隨著酒精濃度不斷升高，這些男人逐漸喪失了自制力，言語間開始針鋒相對：「你到底想要我怎樣？」「我馬上讓你那張狗嘴說不出話來！」「給我等著，我現在就要你好看！」突然間，那兩名有暴力前科的男子無緣無故開始痛毆屋主，他們對其拳腳相向，過了好一段時間才停下來，因為屋主的手機響了。打來的是另一位無家可歸者，也是他們的熟人——這個故事中的第五個人。其中一名施暴者拿過手機，勸誘對方也到公寓來：「過來啊，這裡還有一瓶伏特加！」

沒過多久，故事中的第五號人物——一名三十二歲的男人，真的站在了門前。當時已經是下午接近傍晚，這名新加入的成員和之前的糾紛毫無關聯，也對剛才發生的毆打一無所知。不過，兩名暴徒顯然已經被暴力沖昏了頭，他們不由分說地把新客人扯進屋裡，對著他就是一通亂揍：「你該去死一死了！」「你馬上就會跟那邊那個一樣了！」當他們的新受害者倒在地上，這兩個人又用腳狠踹他的頭。第五號人物身形矮小瘦弱，又有酗酒問題，在生理上完全不是暴徒們的對手。在他們施暴時，被打得遍體鱗傷的屋主坐在床上，試著不去看整個過程，他很害怕，不想摻和進去。第三位客人，也就是比較被動安靜的那個男人也只是時不時地勸告：「好了吧，停手吧。」但整個毆打過程持續了很久，大概過了快四十五分鐘，兩名暴徒覺得夠了，才停止這場毫無緣由的暴行。受害者發出斷斷續續的呻吟，此時的他還沒死亡。

在揍完人後，這兩個人決定要出門買東西，因為酒已經喝完了，他們需要新的飲料。屋主、被動的目擊證人和被打成重傷的新客人先是被威脅了一番，然後一起被鎖在這間不起眼的公寓二樓，鑰匙則被兩名暴徒帶走了。他們大約在傍晚返回公寓，把那位重傷的朋友搬到沙發上躺平，但不知不覺間他滑了下來，倒在沙發和茶几之間。而其他幾人——兩名暴徒、屋主和證人也不勝酒力，躺了下來。

隔天早上，他們五人中只有四個人睜開眼，身旁躺著的是一具屍體。凶手此時也慌了：必須把屍體弄走才行，最好能不留痕跡地清理掉。他們想出了一個主意：可以去租一輛車來搬運屍體，隨便開往什麼地方，也許開去波蘭，然後再棄屍或掩埋。但是租車的錢從哪來？那當然是去當鋪借錢囉！畢竟屋主有一台型號頗新的大電視和音響呢。經過昨天的一頓毆打，屋主這天頂著一對腫脹瘀青的眼睛，所以暴徒們給他戴上一副墨鏡後才把他推出家門，三個人一起往當鋪的方向走去。然而事與願違，電視和音響只能抵押大約兩百五十歐元，這並不夠支付租車所需的押金，所以他們得想個別的辦法，屍體可不能繼續留在那個狹窄的房間裡，畢竟他們還想繼續「慶生」呢。一開始，屍體被丟在床上，但這當然不是什麼賞心悅目的場景，所以當這些人買完酒回來，就又把屍體換了位置。此時，這間公寓的小陽台看起來正好是個適合暫放的地方，雖然已經堆滿破爛的雜物，但他們還是在某張桌子下找到了一塊空地。幾個人將他們昔日同伴的屍身抬了過去，甚至還在他的頭下面放了個枕頭，用一塊毛毯將他蓋了起來──一切搞定。

接下來，他們繼續喝酒，整個週五晚上都泡在酒精裡度過，但不知不覺間酒又喝完了。此時，那位心驚膽戰的目擊證人自告奮勇要去買酒，他已經忍受恐懼超過二十四小時了，深怕自己也遭受到死亡威脅。藉著買酒的名義，他終於得到兩名暴徒的允許，在午夜之後短暫離開了公寓。這位證人馬上撥通了報警電話，接著買了酒，又返回了案發現場的公寓。於是在週六接近凌晨兩點的時候，警察趕到了公寓。他們在現場發現了四個男人，個個喝得爛醉如泥，以及第五個躺在陽台上的男人，已經沒有了氣息。這裡到底發生了什麼？一切仍未查明。警方將四名男子全數逮捕，然後撥通了我的電話，把我從睡夢中叫醒。

一般來說，在處理這類案件的時候，我會寫一份案發現場報告，把我對現場的印象和發現全部記錄下來。這對之後的解剖會有幫助，像是將傷口的模樣和案發現場的特定物品做比對，以還原案發經過。當我來到這間公寓時，第一個吸引我注意力的是：這裡的廁所沒有馬桶座圈。這肯定是有原因的，不過跟本次的案件一點關係都沒有。但往往就是這些枝微末節的小事能讓人留下深刻的印象。毫無疑問，這場死亡暴力事件是在客廳發生的：這裡的櫥櫃玻璃碎了滿地，牆上到處沾著血跡。我們看得出來，被毆打的人起先是坐在床上，之後躺倒在地。我是靠血跡的形態辨認出這些細節的：有些血跡呈現點狀，分布在床的周圍；有些則呈現驚嘆號的形狀，甚至還有噴濺到天花板和櫥櫃下方的血跡。很顯然，這裡留下了大量使用鈍性暴力的痕跡。

與之相比，發現屍體的小陽台顯得井然有序許多，特別是屍體身下的枕頭和覆蓋的毯子，與血腥的室內形成無比強烈的對比。基本上，我們可以認定這是一種「粉飾太平」（Undoing）的行為。當加害者與被害者之間有一定程度的關係時，我們偶爾會看到這種行為模式：凶手在行凶後，透過一些象徵性的行為，試圖讓一切恢復原狀。有個案件我記得非常清楚：一名男子先是在家裡用電線絞殺了他的太太，隨後小心翼翼地將她的屍首安放在他們的雙人床上，將其擺放為雙手交疊胸前的姿勢，甚至還在太太交握的手中放了鮮花。做完這些事後，他錄製了一段告別影像，然後從自宅的屋頂一躍而下。當我們抵達案發現場時，發現客廳的電視機處於準備播放影片的狀態，而畫面正定格在行凶男子的臉上。這段影片是錄給夫妻倆的孩子們看的，案發當時他們並不在家，而是在學校上課。

回到眼前的案發現場。如果不看枕頭和毯子的話，這名被打死後放置在陽台的男性看上去不出所料：屍體的臉部嚴重腫脹、遍布瘀傷。另外值得注意的是，在觸摸他軀幹的皮膚時，發出了劈啪的聲響。這很明顯是張力性氣胸的跡象，提醒我注意骨折的肋骨是否有刺傷肺部。

在我們工作的過程中，不知不覺天已破曉。每當遇到這類型的案件，檢察部門都會要求馬上進行屍檢，與此同時，警方也對此投以密切的關注。因為本案被認為可能是一起凶殺案，所以柏林邦立刑事局的犯罪調查部門接手了這起案件。不過，雖然被害人遭受了嚴重的毆打，真正導致其死亡的原因仍然有可能是心肌梗塞，而非身上的傷口。

幾個小時後，被害人全身赤裸地躺在解剖台上。當我和同事仔細端詳死者時，我先前的猜測得到了證實：這整具身體簡直是一個巨大的瘀血，到處遍布瘀腫與擦傷。我們在解剖時會鉅細靡遺地記錄屍體上的所有傷痕，在這位死者身上，我們還發現了一些撕裂／擠壓傷，大概都是位於眉毛和臉部突出的骨骼處，而這些傷口都是因為拳打腳踢所造成的。刀子或其他尖銳物品所造成的傷口很容易辨認，因為這些鋒利的銳器能切出邊緣平滑的傷口。但如果對人體施以鈍性暴力，導致皮膚撕裂、皮開肉綻的話，傷口的邊緣就會看起來破破的。除了這些傷口特徵外，我們的死者鼻樑也被擦破，很可能是因為對面部的拳擊或踢擊所導致。他的嘴裡到處都是血，耳廓也被撕裂了，這就表示施加在被害人身上的毆打不單單只用了拳頭，而是「借助」了雙腳，而且還是有穿鞋的雙腳，才能造成這種傷口模式，光腳的話是辦不到的。另外，被害人的手臂上還有典型的小瘀青，這是因為施暴者緊緊抓住他而形成的，我們稱之為握痕。從他流血破皮的指關節，還能看出他曾想要保護自己，並試圖對攻擊者還以顏色。

在放置死者的陽台上，並沒有看到大灘的血泊；客廳裡的血跡也並不誇張，沒有噴濺著幾公升的血。死者所流的血大部分都在脂肪組織中，其實他全身都在出血，有些部位還形成淤積的血窪。不僅如此，軀幹的肌肉組織也幾乎完全破損，肋骨斷了好幾根，其中有些刺傷了肺部。當時在現場摸到他劈啪作響的軀幹皮膚時，我就懷疑可能是這種情況。

我們的肺並不是固定在胸腔之中，而是透過身體內部的壓力，讓它保持在一定的位置。這個功能需要透過幾個部位來達成：和肺部連結在一起的內胸膜（又稱為臟胸膜），以及貼附著肋骨的外胸膜（又稱為壁胸膜），兩者之間的空隙被稱為胸膜腔。如果空氣跑進這裡，肺部的體積就會變小，變得無法和胸腔內壁接觸，壓力會消失、張力減少，肺部會因此塌陷萎縮。舉例來說，如果有人上半身被刀刺傷，胸膜被刺穿，空氣就會隨之流入；或者像是本案中的情況，折斷的肋骨刺傷肺部，空氣從內部流出，也會導致同樣的結果。這種情況一開始並不會馬上要了當事人的命，畢竟我們的肺有兩側。但是，當肺部被穿刺的孔洞形成了某種閥門，隨著傷者的每一次呼吸，就會有越來越多的空氣被擠入這個間隙，胸膜腔內的壓力也會越來越大。到最後，患者可以說是因為自己的呼吸而導致窒息，因為胸膜腔內的壓力無處宣洩。一開始是受傷那一側的肺會遭到擠壓，再來是心臟和大血管，最後是另一側完好的肺。因為壓力的緣故，進入胸膜腔的空氣會漸漸往身體內的軟組織擠壓，所以我們之後在觸摸身體皮膚時才會出現劈啪聲。你可以想像好幾千個小泡泡在人體裡，逐漸擴散到全身。這個過程持續得越久，呼吸的次數越多，這些所謂的皮下氣腫或軟組織氣腫就會延伸到體內的更多部位。我就曾經看過真的像是被充氣一樣的屍體，那真的是非常痛苦又慘烈的死因。

回到本案中陽台上的死者：我們在他的胸膜上的確發現了比較淺的傷口，是因為他本人斷裂的肋骨所造成的。雖然不是很深的穿刺傷，但也已經足以讓空氣從肺裡流出來了。我們還發現他的傷口已經有纖維蛋白（Fibrin）覆蓋，這種物質就像是身體內的膠水，對凝血非常重要。也就是說，死者的身體當時有試圖修復這些傷口，很顯然，在經過一連串的折磨之後，這名男子依然存活了一段時間。

除了纖維蛋白外，還有其他證據可以看出死亡過程持續了比較長的時間。在身體機能崩潰的過程中，所謂的「壓力荷爾蒙」會被釋放，也就是皮質醇（Cortisol）和腎上腺素（Adrenaline）。在此之後，腎上腺往往會充滿孔洞並崩解，這是我們用肉眼就能辨認出來的跡象。除此之外，如果死亡過程比較長的話，死者的血液會像脂肪一樣近乎凝結，流動性比快速死亡的人差很多。本案中的男性死者具有以上所有的特點，所以他顯然在死亡的邊緣煎熬掙扎了數小時。

在他生命的最後時刻，沒有人呼叫救援，他本來是可以得救的，專業的急救醫生馬上就能注意到他劈啪作響的皮膚，並馬上著手釋放胸膜腔過多的壓力。對有經驗的人來說，這是很容易施作的急救措施，而且可以挽救性命。這名男子身上遍布的瘀青紅腫並不會要了他的命，在頭部遭受強烈鈍力衝擊的情況下，很可能會出現腦出血，但他也「幸運地」躲過了這個情況。在這個案件中，造成被害人死亡的原因，就真的「只是」幾根斷掉的肋骨而已。

以上就是我們的屍檢結果。接下來要面對的問題是：對他下此狠手的是四人之中的誰？雖然我們是法醫，但也可以試著對此做出推論。為此，我們不只要仔細觀察屍體，還要把目光轉向活著的人。我們經常對被警方拘留的人進行檢查，以本案為例，我在做完解剖後，還必須仔細查看四名嫌疑犯的腳，並盡可能仔細地記錄下來。這四個人都是無家可歸者，同時也是重度酒精成癮的患者，在他們之中，誰曾經狠狠踢過人？事實上，這幾個人不只在先前的三天裡喝得爛醉如泥，這陣子應該都過得亂七八糟的。我可以明顯看出他們的襪子在這段期間根本沒換過，也不曾洗過腳、修剪過腳趾甲。

如果有人覺得解剖室的氣味很可怕，那我倒是很想帶他去一次這種警局檢驗，或者去某個雜亂公寓，裡面躺著好幾個月都沒被發現的屍體。在我所工作的夏里特醫院，室內都有裝設空調，而且我們所經手的死者大多都經過冷藏處理。我得承認：有些屍體的氣味真的很可怕，特別是一些經過好幾個月才從水裡打撈出來的屍體。不過目前為止，衝擊過我鼻子最糟糕的氣味，是我以前在醫院當實習救護人員時聞到的。當時，一位急性敗血症的患者正在接受手術，他發著四十度的高燒，大腿上有個流膿的大傷口，我們清出了將近一公升的膿瘍。那種味道真是嚇死人了！老實說我真的覺得，跟那個味道相比，幾乎所有我在法醫工作中聞過的味道都相形見絀。

乍看之下，在這四名嫌疑犯真的很「不修邊幅」的腳上並沒有任何需要處理的新傷口。如果讓他們接受外科的檢查，外科醫師可能都不需要仔細端詳，就能知道他們不需要特別的治療。那我又為什麼要仔細檢查呢？因為對法醫來說，任何小細節都很有探究的價值。首先是「屋主」，他也遭到了嚴重的虐待，但我在他的腳和小腿上沒有發現任何擦傷或瘀青，他肯定沒有踢人。那「被動的目擊證人」呢？他全身上下都沒有新傷，這跟他說自己沒有捲入打鬥的證詞吻合。

兩名凶嫌的腳看起來就不一樣了，根據他們自己的說法，這幾天的事情他們都想不起來了。比較年輕的那個腳踝上有新鮮的淤青，而比較年長的那個除了腳踝有新鮮瘀青外，他的阿基里斯腱還有擦傷，這些很明顯是踢人導致的傷痕，和死者的傷口模式與他們自己的鞋子互相吻合。你可以想像他們踢得有多用力，才會在過程中把自己都弄得瘀青了。如果一個人從上到下踩踏，有點像是在跺腳時，阿基里斯腱受傷是很典型的情況，這些擦傷是因為鞋子和皮膚摩擦而產生的。

在法醫學上，這是一個比較令人滿意的面向：有時候我們只需要一些健康的常識和一點經驗就能有所認知，而不需要運用複雜的科學辦法。我的檢驗結果很明確，也在審判過程中被採納了，兩名嫌犯被判有罪。對我而言，這就是這起案件的結局了。

數個月後，我一如往常因為工作的緣故而來到監獄。一位身穿囚服的男子引起了我的注意：他不認得我，但我還記得他——他就是本案的其中一名凶手。旁人一眼就能看出戒酒和監獄中的規律作息對他的生活有多大的幫助。他看上去很健康，從醫學上的角度來看，他目前所處的環境比我對他進行足部檢查的時候好多了，至少從外表看是如此。根據我的個人經驗，很多人從前的生活條件宛如災難，並在這種狀況下犯了罪、進了監獄，但監獄的系統反而對他們有益。他們突然每天都有飯吃、能洗澡、穿乾淨的衣服，在健康方面也能得到照顧。要先有一個無辜的人死去，另一個人——凶手的生命中，才有新的機會降臨，這讓我感到苦澀又諷刺。但我個人會試著不去批判這件事，因為我們社會上的司法系統就是如此。法醫學也是這個系統的一部分，占據了明確的一席之地。我們的工作並不是在道德上將人分類，而是另有職責。

3 沒有惡意？

人體有三個腔室，分別是頭部、胸部和腹部，其中胸腔和腹腔被橫膈膜隔開，只要這三個體腔的任何一處遭受攻擊而被「開洞」，例如受到槍傷或刺傷，在法律上通常會被認定有故意殺人的意圖。雖然這項原則並沒有明確的法律規定，但在德國法庭中仍然是不成文的共識。刑事案件的偵調過程也受到這個原則的影響：如果被害人是手臂被槍擊中、或者大腿被刀刺傷，那通常是由當地轄區的員警來負責案件；但如果是肺部、腹部或頭部有開放性的傷口，就會由犯罪調查部門來接管。雖然警方的日常工作不會完全按照這個原則來劃分，但「體腔是否有開放性傷口」仍然是一個決定性的關鍵。若是被害人不幸身亡，則必須推斷加害人是否有故意殺人的動機，也就是判斷該案件屬於謀殺或過失致死，兩者對應的刑罰差距相當大。如果被害人的體腔沒有開放性傷口，案件通常會被斷定為對身體的傷害而導致死亡，在這種狀況下，刑罰會明顯減輕許多。

可是，如果加害者有意識地避免對體腔造成開放性傷口，卻依然抱持著殺死被害人的意圖呢？

這聽起來可能有點紙上談兵，但如今在某些特定的犯罪環境下，卻已經成為了日常可見的案例。對於身處這些環境中的人而言，體腔開放性傷口會被重判是所謂的「常識」，或者用別的話說：要除掉某人的話，在他大腿上狠狠刺一刀比較好，這樣即使被逮到，也不會在牢裡蹲那麼久。

我們法醫在解剖經驗中當然也注意到了這個現象。米科・戈倫畢夫斯基醫學博士（Dr. med. Miko Golembiewski）是我曾經指導過的博士生，他的博士論文[4]就仔細統計了二〇〇五到二〇一五年間，我們法醫部門迎接的死者中，有多少是被銳器傷害致死（通常是被刀具刺殺身亡）。這些受害者中，大部分的致命傷都在胸部或頸部，但仍然有百分之七是因為手臂、大腿或腹股溝處的刺傷而死亡。雖然這份數據並不只針對凶殺案，而是將自殺案例也包含在內，但依然有其參考價值。

正是因為這個現象，讓我覺得：法醫工作中重要的不只是檢驗死者，還有將我的醫學評估呈現在法官、檢察官、律師和其他科別的醫師眼前，也把我的專業知識跟大眾分享。畢竟法醫學家是最容易注意到這個問題的，不是嗎？針對致命傷不在體腔的現象，我們會進行學術研究，仔細檢視相關的案例，發表期刊論文並舉辦講座。理想狀況下，希望最終能為司法界和急診專科帶來全新的視野。

舉例來說，目前針對「踢他人頭部」的判斷就已經和十幾年前有所不同。在當時，法官經常斷定這種暴力行為是「不危及生命」的，這樣的法律觀點維持了很長一段時間，即便有很多受害人都是因為頭部遭受踢擊而死亡，但在司法判決中還是花了一段時間，才開始把「踢他人頭部＝有致死意圖」這個觀點納入考量。直到如今的司法界，應該沒有人會覺得針對頭部的踢擊只是小事，而把它判定為小打小鬧的一部分了。

不過，在談到手臂或腿部的刺傷時，司法部門至今仍然和醫師、警方持不同的意見，這就是我接下來要講述這個故事的理由。我想告訴大家：「體腔是否受到開放性傷害」這個判斷標準已經過時了，不能單靠它來斷定一個人是否有謀殺的意圖。拿刀刻意針對四肢攻擊，依然能很輕易就讓被害人走向死亡。

這個故事發生在七月底的一個星期天下午，兩名毒販決定要對一名男子展開報復，他也是一名毒販。幾週前，他們把幾公克的「貨」交給第三個人，價值大概是幾百歐元。第三名毒販應該要把這些貨賣掉，再把賺來的錢分給兩人，當作是「進貨」毒品的費用。但第三名毒販，一個二十九歲的年輕人，卻遲遲沒把該付的錢付清，即使經過好幾次「提醒」依然如此。於是，兩名惱火的毒販把他叫到格爾利茨公園（Görlitzer Park，柏林最有名的毒品交易地點之一），打算威脅並懲罰他一番。

他們去租了一台舊奧迪車，對男人命令道：「給我到後座去！」然後三個人開車出發，駛離了市中心。後座的車門有兒童安全鎖，無法從內部打開，而在行駛過程中，兩名毒販顯然已經開始威脅第三個人，還賞了他好幾個耳光：「你最好注意點啊，我們等等就跟你算帳！」抵達一處林地後，毒販們的車停了下來。「下車！」他們命令道，但受害人抵死不從，於是三人展開了扭打。最終，同樣坐在車後座的那名毒販抽出了一把二十公分長的刀，刺向受害者的右腹股溝。也許他在把刀刺進去後還轉動了一下，又或者是受害者在被刺傷後移動了身體，不管實際情況是如何，我們在進行屍檢時發現了所謂的「燕尾型傷口」，也就是邊緣呈現鋸齒狀的傷口。這是因為刺傷發生當時呈現動態，由於動作所導致的（無論是受害人或加害人的動作）。在攻擊發生後，受害人逃下車，但沒走幾公尺便倒地不起，躺在林間道路的附近。

此時的加害者和駕駛有沒有意識到，被害者已經受到了致命傷？這名拿刀的毒販是不是故意不在體腔造成開放性傷口？也就是說，他是不是故意避開了對方的腹部和上半身？他們兩人知道被害者在受了這樣的傷後，很快就會死在這處樹林裡嗎？

人類的動脈大概有小指這麼粗，在手臂和腿部都有分布，如果割傷或刺傷命中了「正確的位置」，血液就會在高壓下噴濺出來，和心跳的節拍一致。我們也可以把破損的血管想像成一個水龍頭，先是被轉到最大，然後馬上關起來，每秒重複這樣的動作。

這種隨著心臟跳動而失血的傷口，大概多久會導致死亡？我們可以用簡單的計算方式來得到答案。人體內循環的血液量大約是體重的百分之八，我剛好是很容易計算的一個例子：我的體重接近一百公斤，所以我的身體裡大約有八公升的血液。如果失去三分之一的血量，當事人就會休克，以我來說就是大概二點六公升。所謂休克就是身體對氧氣的需求和供給不平衡，如果沒有足夠的充氧血透過血管輸送到全身，患者先是會變得蒼白，然後心跳加快、血壓降低，因為身體此時會先將血液送往維持生命的主要部位，也就是頭部、胸部和腹部。

這種休克的治療方式是立刻對出血部位進行止血，並為患者提供氧氣。也可以把患者的腿部架高，讓血液比較能從四肢流回軀幹和頭部。

前面提到失血三分之一會陷入危險，不過這個數字僅限於健康的人。如果是高齡九十歲、患有心臟疾病的老人，失去四分之一的血液就有可能會危及生命，因為隨著年齡增長，人體的補償機能會隨之減弱，也就越來越難以面對極端的情形。一般來說，如果遇到大量出血的傷口，一定要迅速有效地進行止血處理，不然傷者很可能撐不過幾分鐘就會不治身亡。

現今的急救人員都會接受緊急止血的訓練，這有一部分也是為了因應近年來在世界各地發生的恐怖攻擊。他們會運用適當的工具來綁住嚴重出血的四肢部位，以前如果這樣做，教科書上會警告：「這會讓手臂壞死。」但如今醫生們遵循的是另一條準則：Life before limb，也就是「性命比四肢更重要」。如果一個人被炸彈波及，或者被砍傷而失血過多，光是想著怎麼保住他的手臂或雙腿是沒有意義的，所以警方或特種部隊在進行救難工作時，都會依循軍事或戰爭的醫療原則，他們會使用所謂的止血帶（法文叫 Tourniquet），這是一種結合了皮帶和壓力帶的止血工具。近年來，有越來越多單位開始採用這種止血方式，目前志願救援單位也有在使用。止血帶可以把四肢綁得非常非常緊，這雖然會讓傷患感到難以忍受的疼痛，卻可以確保性命無虞。

回到我們的案例上，也就是那個夏天的傍晚，凶手當時沒想到附近有個新開發的小住宅區，距離被害者倒下的這條寂靜林間小道並不遠。當時有位住附近的男子正在慢跑，他發現了重傷且一息尚存的被害人，於是馬上撥通了報警電話，就在犯罪剛發生後不久。在警方開始調查後，附近的幾位鄰居也作證說聽見了幾名男性大聲爭執的聲音，還看見一輛陌生的汽車，在爭吵過後匆匆駛離現場。然而當急救人員快速抵達現場時，一切都已經太遲，被害者已經失血過多身亡了。

於是，急救直升機再次起飛，死去的男子依然躺在森林的地上，而現在該由法醫來迎接他了。

每次當我們抵達案發現場，一切往往已經恢復平靜。我把車停在林間小路的旁邊，步行前往屍體所在的位置。在場的所有執勤人員都穿著白色的全身防護衣，和電視上演的不同，你絕對不會看到有人穿著自己的便服在案發現場晃來晃去，不管是法醫學家還是犯罪調查員都必須全副武裝。根據目擊證人所說，有兩名男子駕車逃離了案發現場。目前還沒找到他們留下的痕跡，也還不知道這起凶殺案的動機為何，不過警方已經開始全力追捕這兩人。

與此同時，邦立刑事局的鑑識專家們也正在對現場的所有痕跡拍照取證，警方已經標記了林地上的幾處痕跡。消防隊員也在現場，我們需要他們提供的照明設備來照亮案發地點，因為不知不覺天色已經漆黑一片，現場人員需要充足的光線才能繼續進行作業。根據經驗判斷，我們大概還要在這裡忙上幾個小時，才能開始轉移屍體。身為法醫，我們當然不能在一旁催促，而是要等到所有取證工作徹底結束，否則我們也可能會破壞現場痕跡。這點也和電視上演的不一樣。在案發現場站著等好幾個小時也是我們工作的一環，我對此並無怨言，相反地，我會利用這段時間和其他人聊聊並觀察現場，這也是我們和警方、消防隊維持良好關係的機會。我們彼此都很仰賴這份友善、互助的合作關係，而且也經常透過對方的專業知識和技術得到幫助。

唯一令人難受的是，這天是熱到不行的七月晚上，而且案發地點還是泥濘的林地，數不清的蚊子在我們身邊嗡嗡飛舞。我在白色防護服下汗流浹背，到處還都有討厭的小動物和小蟲，真的是快瘋了。在此期間，警方發現了死者的身分，還好他的皮夾和身分證都在身上。這名死去的年輕人慘白得像一張白紙，只有其中一邊的褲子和鞋襪被血浸透。首先，所有東西都要標上編號：死者身上貼著透明的膠片並拍照存證，他衣物的每一處破損、每個菸蒂和林地的每個腳印也都要比照辦理。這是個既勞累又艱難的工作，但是技術人員可以藉此找到凶手留下的DNA痕跡。至於死者身上沾滿鮮血的T恤，已經在救護人員施行急救的時候被剪開了。

當所有照片和現場痕跡都收集完畢後，我終於走向屍體。此時已經是半夜了，還在執勤的警察們圍在我身邊，神情是一如既往的好奇與專注。我開始檢視屍體並記錄，在我的案發現場報告中，我是這樣寫的：

「頭部的骨骼在觸摸時保持穩定，沒有不正常的移動。頭髮部分為約〇．一公分的棕色短髮，看得出是最近才剛理過的，不易拔斷。頭腦部位被頭髮覆蓋，沾著地上的泥土，沒有發現受傷痕跡。臉部骨骼和鼻骨在觸摸時保持穩定，鼻孔無阻塞。臉部皮膚沾著些許泥土，此處也沒有發現受傷痕跡。雙眼微張，眼睛為棕綠色，瞳孔擴散，兩側無差異。（……）嘴巴微張，上下顎牙齒完整穩定，前排牙齒處沾著些許泥土和樹皮。舌頭下沉至喉嚨，口腔內除了上述提及的泥土和髒汙外，沒有發現其他異物。頭部細窄，此處皮膚未受傷。胸部骨骼在觸摸時保持穩定，有一定彈性，沒有不正常的移動。上肢皮膚皆未發現傷口，腹部柔軟，骨盆骨骼在觸摸時保持穩定。在右側腹股溝的位置有一道近似角狀的傷口，長度約五公分，開裂的寬度約五公分。（……）傷口往生殖器方向延伸，沿著穿刺方向測量，至少有八公分深。可以看見並觸摸到傷口底部的肌肉組織，在此處加壓時，有大量血液流出。」

做個簡單的整理：死者身上除了右側腹股溝的一個大傷口外，沒有發現其他可能導致死亡的傷口，例如勒痕或遭受毆打的痕跡。由截至目前的現場發現來看，我已經能確定這是一起跟「銳器」有關的死亡案件（應該是一把刀），而且還是一起「犯罪」，也就是有某個人刺中了被害者。凶器的尺寸和特徵呢？我目前還無法提供相關的細節，不過可以肯定的是，造成這種傷口的絕對不是小小的刀片或拆信刀。

另外，警方也從來不會在案發現場就直接開始追問細節，例如死亡原因或凶器之類的，這是外行人才會做的事。畢竟如果我們在現場提供一些說法，卻在解剖後修正原本的推論，對警方的偵調過程是一點幫助也沒有的。現場的警員們不會向我們討要細節，而是時常伸出援手，例如：當我需要查看死者的背部，所以必須將其翻面的時候，他們都會一起幫忙。其實這算是例行公事了，在這個案子中也一樣，我們將死者翻過來，他身下的砂質林地並沒有被血浸透，不過附近的小樹叢可以看到好幾處深色、濕濕的泥土，顯然我們的受害者是在那裡倒下的。在急救人員趕到後，他們將受害者抬到現在的位置，以便對他實施心肺復甦術。那麼，會不會是我們蒼白的死者自己刺傷了腹股溝，想要結束自己的生命呢？在我看來，這基本上是不可能的，所以檢察官要求我們立即進行屍檢，以找出更多證據。

一般來說，死亡和屍檢中間會間隔好幾天，不過如果案件的性質是凶殺，凶手又仍然在逃，或者凶器還沒被找到，那就會需要比較趕一點。例如，這次的屍檢在被害者死後幾個小時就開始進行了，這表示他的身體此時還是溫的。這種時候的解剖有一點像是在進行手術，只不過躺在我們面前的病人已經沒有了呼吸心跳。對我個人而言，這有點讓人不舒服，因為會對死者產生一種親近的錯覺，好像我們是在對活著的人做這些事一樣。但如果屍體已經經過冷藏處理，就不會給人這種印象，我們和屍體之間的距離感就比較大。

根據經驗粗略判斷，一個人在死後的兩到三小時之間，身體的核心體溫會保持在三十七度，之後每小時約下降一度。不過所處的環境溫度、死者的衣著和其他獨立條件當然也會有所影響。在法醫學上，為了確定死亡時間，我們會將當前的直腸溫度、人體的正常溫度、環境溫度和其他因素一起進行比較。這種方式雖然算是比較可靠，但還是無法達到百分之百準確。舉例來說，如果死者身亡時正好發著三十九度的高燒，那計算上就會出現誤差。有時候我們也會用額外的測量方式來輔助，例如用輕微的電擊來觸發臉部肌肉活動，有時候從旁看來，就好像死者在眨眼一樣。或者是為死者點某種眼藥水，然後觀察他的瞳孔是否還會產生變化？變化的程度如何？

總之在死亡十五小時後，林地的屍體在次日早晨躺上了我們的解剖台，還有一點微溫。溫度在二十五度左右的屍體，和溫度接近冰點的屍體，接觸起來的感覺完全不一樣。我們平常檢驗的屍體通常都會保存在四度的冷藏櫃中，這正是最能有效延緩腐壞過程的溫度。比四度更低的溫度就沒有意義了，因為我們並不希望屍體結凍，這樣會毀損人體組織，我們就無法再檢驗死者的器官了。不僅如此，如果我們把結凍的屍體再度解凍，反而會加速腐壞的過程。總而言之，雖然我在日常工作中已經習慣接觸冰冷的屍體了，但在需要馬上進行屍檢的情況下，屍體往往還帶有溫度，一摸便知。

第一隻蒼蠅幼蟲已經在死者蒼白的皮膚上定居，在夏日炎熱的氣溫下，牠們出現得非常迅速。死者的身上沒有防衛傷，也就是說他的前臂沒有被割傷。通常為了保護身體或頭部，被害者會舉起手臂來抵擋，這完全是反射性的動作，當人面對攻擊的時候，手臂會自然地抬高。我們常看到受害者在極度的恐懼之下，會以手掌和手臂來抵擋攻擊者的刀刃，這在我之後要講述的另一個案例中，恰恰扮演了關鍵性的角色。

但是在眼前這位死者身上，我們沒有發現任何上述的跡象：沒有割傷或刺傷，甚至沒有任何打鬥的痕跡。其實這也是辦案過程中的一個重要線索，因為在法醫學中，重要的不只是我們發現了什麼，我們沒發現的東西也同樣值得注意。在這個案例中，受害男性很顯然對被刺傷這件事感到驚訝，在刀子刺進他的腹股溝時，他極有可能是神智清醒的，我們所發現的燕尾型傷口表明，在他被刺中時曾有過動作。其實這也很正常，如果有一把刀深深刺進腹股溝，任何人都會痛苦地蜷曲扭動。

雖然這位死者的死因非常明確了，但我們仍然會檢查三個體腔之外的其他部位，只要是有凶殺可能性的案件，我們一定會這樣做。背部、手臂、腿部都會進行解剖，觀察肌肉組織和骨骼，每個地方都要檢查到。順便一提，這個過程並沒有那麼血淋淋，因為只要心臟不再跳動，就不會再有血噴濺而出了。脂肪組織通常會呈現黃色，肌肉則是紅棕色。本案中的死者大部分的檢驗結果都沒有異常，他的肋骨和脊椎也完好無損。唯一值得注意的是，他的左心室內部有一條小小的區塊呈現紅色：正中紅心！這就是出血致命的跡象。當一個身體健康、心臟正常而有力的人突然大量失血就會出現這種痕跡。我們可以想像一台機器的引擎，雖然在運作當中，但卻沒有汽油了，最終不得不停止運轉。心臟也可能會遇到一樣的情況，它不斷地跳啊跳，但卻沒有可供輸送的血液，於是就會出現上述的典型模樣，這是快速失血而死的明確證據之一，不過當然還有其他跡象可以證明。從傷口的邊緣，我們還可以發現一件事：這名男子在腹股溝的動脈遭到刺傷後，在極短的時間內就死亡了，因為傷口完全沒有結痂，什麼都沒有。不像我們先前說過的陽台上的男子，這位死者在臨終前，身體的修復機制完全沒有時間啟動。

在屍檢結束後，所有器官被安置回原位，我們會把死者的身體重新縫合起來。他看起來不會比解剖前更糟糕，這可能會讓大家略感安慰，只是會多出幾條縫線而已：一條從恥骨延伸到頸部大縫線，還有一條橫跨後腦杓、從左耳到右耳的較小縫線。這就代表我們已經打開過所有體腔，並對所有器官和大腦進行過檢查了。在入殮時，屍體正面的縫線可以被有領子的衣服遮擋住，後腦的縫線通常也會被頭髮擋住，所以即使是經過屍檢的死者，在進行殯葬儀式時也不會遇到問題。

再回到我們的死者：他當時二十九歲，身體非常健康。現在回頭看整個案件，我們可以說，這就是發生在柏林惡劣毒品圈中的一起普通案子，幾名毒販之間發生了爭吵，有人拿刀刺人，導致大量失血，被害者不幸身亡。但是，刺傷腹股溝這件事總是讓我心生疑竇，而且我早就不把這當作純粹的巧合了。二〇一二年，在波昂的一場示威活動中，一名犯人持刀攻擊三位警察，過程被影片錄了下來。這個「示威者」當時刺向哪裡？不是肚子、不是胸口、不是脖子，而是直直朝著腹股溝！雖然警員們戴著頭盔，但在軀幹部位卻沒有穿戴防護的背心。當時，其中一位警察身受重傷，雖然凶手被逮捕也被判刑了，但是在法庭上，卻無法證明他具有謀殺的意圖。

其實，攻擊腹股溝要比攻擊前臂或大腿上的動脈都要來得陰險。如果是四肢的話，止血帶、皮帶或其他合適的工具都能有效起到止血作用，但我們要怎麼把止血帶綁在嚴重出血的腹股溝傷口上？要止住這個部位的出血是非常困難的。以第一時間的急救措施來說，儘量對傷處施以壓迫是最有幫助的。前段時間，柏林一家報紙刊出了一張照片：一位高大壯碩的急救人員直接跪在一名傷者的胯部，因為該名傷者的腹股溝遭到槍擊。從案發現場到醫院的路上，這位急救人員一直跪在傷口上，用他全部的體重來為腹股溝處的傷口加壓止血，直到手術室才由外科醫生接手。遇到大量出血的傷口，直接跪在上面施以單點的高壓是非常簡單又有效的方法。

在毒販刺殺事件發生後的隔天，凶手就被逮捕歸案了。經過一小段時間的程序，他和當時駕車的司機必須在法庭上做出解釋，針對導致被害人死亡的攻擊行為，他們不是以謀殺或傷害致死被起訴，而是「傷害身體導致死亡」這樣的罪名。我當時也作為證人出席，而被告在法庭上敘述的故事版本是這樣的：當時，二十九歲的被害人在汽車後座，他們只是想拿刀嚇嚇他，但車子行駛過凹凸不平的林地，結果刀子就這樣滑進了被害人的腹股溝。他們當時被嚇得驚慌失措，把男子拖下車後便逃之夭夭了。

而我們卻無法證明事實並非如此，即使是法醫學也辦不到。

❹ Golembiewski, M. (2020): Todesfälle durch scharfe Gewalt in Berlin 2005–2015. Diss. med., Berlin.

4 致命韻事

我最喜歡的酒吧是柏林一間很特別的「小酒館」，就在我家外面的轉角。多年以來，我認識了許多那裡的常客，遺憾的是，其中有些人最終躺在了我的解剖台上，畢竟柏林其實也不大。其中一個人很有意思，他是個身形瘦弱、面貌憔悴的酒鬼，但總是打扮得很體面，而且非常內向，我們都叫他曼尼，不過後來證實這只是他的暱稱，而非本名。他總是穿著過大的西裝外套，總是只喝小瓶的酒；他並不起眼，相反地，他一直都很謹慎內斂，偶爾他也會說些自己多舛人生中的故事，但只有我們問起時他才會開口。他來自從前的東柏林，在圍牆倒塌前，他當過一間時髦旅館的門房，然後投身於外匯交易中，最後被東德政府抓進了史塔西監獄[5]中。曼尼在這家酒館的老位置，是吧檯旁一棵巨大塑膠棕櫚樹的下方，但曾幾何時那個位置默默地空了出來。

後來我才知道，他在自家公寓身亡後數天才被人發現，我甚至親自進行了他的解剖。因為屍體已經腐爛得相當嚴重，而且我當時並不知道他的本名，所以一開始我甚至沒有認出是他。

我非常確信，如果世界上沒有酒的話，幾乎所有公共設施都能減半，特別是那些安全、秩序和醫學方面的機構，其中就包含了法醫機構。我們每天檢驗的死者當中，有許多人生前有著成癮問題，大部分都是酒精成癮。急救工作也差不多，如果部分市民喝酒喝得沒那麼誇張的話，急救人員的出勤次數大概可以減少一半吧。我之所以會這樣說，並不只是基於我個人的執業經驗，根據流行病學成癮調查（ＥＳＡ）的結果，在德國約有一百六十萬人對酒精有依賴性，德國每年死亡人數約為九十萬人，其中大概有七萬四千起的死亡案例被歸因於酒精。

我在就讀醫學院的最後階段，有一年需要在醫院實習，當時我有好幾個月都在內科部門工作，而在那裡看到的景象真的讓我很沮喪。病患大致上可以分為兩類：其中一類是身患重病、年邁衰老的患者，很遺憾的是，在治癒疾病方面，我們往往無法為他們提供更多醫療上的幫助了。另一類則是年輕的病患，他們其實身體還很健康，但卻藉著酒精漸漸摧殘自己。如果這些病患沒有意識到自己到底在做些什麼，對自身狀況又沒有病識感的話，醫生其實也很難真正幫助到他們。在這些人當中，只有極少數的人幡然醒悟。這些現象讓我當時陷入了巨大的自我懷疑，我不禁自問：我真的是在做對的事嗎？為什麼我不去當飛行員？或是音樂家也好啊？

接下來我要講述的案例雖然與酒精有關，卻不能與日常生活的酒精問題相提並論，因為這個事件既不尋常，又令人難以置信。

卡塔琳娜和馬提亞斯是透過工作認識的，他們的地下情已經維持一段時間。雖然三十六歲的卡塔琳娜實際上已經有訂婚的對象了，而四十七歲的馬提亞斯也依然和前妻保持舊情，但何不在週末偶爾找點樂子呢？他們兩人都有著出色的外表，也盡情享受著人生。卡塔琳娜其實不住在柏林，她告訴家裡的人，自己要去參加一場週末研討會。所以，當她在週五下午登上飛往首都的飛機時，完全沒有人對此起疑，而紳士的馬提亞斯在機場迎接她。馬提亞斯的住處是一間漂亮的閣樓式公寓，坐落在柏林一個精緻的區域，他本身是一位建築師，所以可以負擔得起這樣的生活品質。到達馬提亞斯的公寓後，卡塔琳娜先去沖了個澡，雖然街角就有好幾間酒吧、咖啡廳和餐廳，但他們倆今晚都不想再出門了。今晚，卡塔琳娜和馬提亞斯有別的計畫：香檳、蘭姆可樂、紅牛、伏特加、古柯鹼、性愛。不一定要照這個順序來，但總是多多益善。

他們的私人派對一直持續到天亮，星期六的上午，卡塔琳娜開始覺得不太舒服。這位嬌小纖細、有著一頭金色短髮的女子在浴室和客廳吐了好幾次，她的愛人拿抹布把穢物都清理乾淨了。接近中午的時候，他們倆決定要睡一下。卡塔琳娜拿了一顆枕頭和一條被子，不過卻是睡在臥室的地板上，馬提亞斯則是睡在自己的床墊上。案發後，當馬提亞斯被問到這件事，他先是支支吾吾了一會兒，之後坦承道：「我怕她會把整個床吐得亂七八糟。」

睡了幾個小時後，大約在下午，馬提亞斯醒了過來。卡塔琳娜仰躺在床前的地上，似乎仍因醉酒而沉睡著，但她的面容不知怎地看起來有點奇怪，而且臉上出現了一些斑點。馬提亞斯嘗試要叫醒她，卻發現她毫無反應，不禁驚慌失措。最終，在接近傍晚的時候，他撥通了消防隊的電話。在這之前他先是打了一通電話給朋友，因為卡塔琳娜其實沒有德國護照，在德國也沒有健康保險。「這樣我如果叫救護車會有問題嗎？」面對他的疑問，朋友給出了唯一正確的答案：「快撥 112 就對了！」

當天稍晚，當我踏入這間閣樓式公寓時，一切看起來依舊凌亂不堪，到處散落著衣物，客廳和廚房有一堆喝空的瓶子，木質地板上有好幾個地方都散落著一團團黑色頭髮。死去的年輕女性躺在臥室的地板上，介於床和櫃子之間，身軀被半掩著。乍看之下，屍體沒有外傷，只是臉上有明顯的紅色圓班。

她是窒息而死嗎？還是被勒死的？

事實上，我馬上就排除了這兩種明顯的懷疑，因為死者身上的斑點看起來和瘀點（或稱為瘀血）有所不同。瘀血是怎麼產生的呢？其實很好解釋：人體的靜脈中流著缺氧血，會從大腦被送往心臟，而頸部的靜脈相當靠近表層，也就是接近皮膚的位置。動脈則正好相反，它會隨著心臟的每一次跳動，將充氧血送往大腦，在頸部的位置則很靠近內側，接近脊柱。如果頸部受到由外往內的壓迫，例如用手掐住脖子，在一定時間內，血液會繼續送往頭部，但因為靜脈受阻而無法流回心臟，於是開始淤塞。所以，被勒死（或差點勒死）的人面部會發紫，血液呈現點狀分布，出現在皮膚的某些部位，例如：眼結膜、口腔黏膜和臉部皮膚。大概在被勒住的二十到三十秒後，這些跡象就會開始出現了。雖說這樣的出血是呈現點狀，但如果交匯在一起，也有可能會占很大的面積。不過一般來說，窒息產生的瘀點只會產生在頸部以上，並不會出現在頸部以下的上半身。

而躺在臥室地板上的死者並沒有以上的特徵，這具屍體的下頸部到上胸部出現斑點，我注意到：這些是死後才產生的皮膚變化，因為若是活著的時候產生的反應，例如結痂或紅腫，是無法這麼清楚辨認的。臉頰、鼻子和頸部的斑點極有可能和浸漬作用有關，也就是說，酸性的嘔吐物沾到這名女子的臉部，造成皮膚軟化的現象。我們胃裡的pH值極低，基本上是酸性的環境，即使是在死後，皮膚也有可能會受到這些酸性液體的影響。除此之外，這名年輕女性的身上並沒有受到鈍性暴力或銳器傷害的痕跡，頸部也沒有外傷，全身看起來都沒有骨折。我打開死者的嘴巴，把上脣翻開，仔細檢查舌頭和口腔，結果在上脣內側處找到一個小小的撕裂傷，看起來剛形成不久。

「她說她在浴室吐的時候跌倒，撞到洗手台的邊邊。」驚慌失措、心神不寧的馬提亞斯在作筆錄時解釋了這點。他的說法蠻可信的，傷口的模樣也符合敘述，除此之外，在浴室摔倒也不是什麼奇怪的事。

我對這個案件的初步判斷是：不需要立刻進行屍檢，因為目前沒有發現凶殺案的痕跡，檢察官和警方也持相同意見。

目前看來，我們會認為死因可能和死者自行攝入的毒品、酒精有關，也就是所謂的「搖滾歌手之死」。有不少人都死於這個原因，其中包括了知名的搖滾明星珍妮絲·賈普林（Janis Joplin）和吉米·罕醉克斯（Jimi Hendrix），所以才有了「搖滾歌手之死」這個名字。事發過程總是很類似：死者喝下大量的酒，往往還結合了硬性毒品，導致身體產生嘔吐反應。此時，死者通常是仰躺著，結果因自己的嘔吐物窒息而死。在這個過程中，酒精幾乎等同於麻醉劑，身體的反射機能幾近停止，所以死者在被嘔吐物堵住喉嚨時，才會一動也不動，無法醒來，也無法咳嗽。

遺憾的是，不是只有名人才會死於毒品／酒精窒息。在一九七〇年代初期，漢堡就曾發生過一起政治醜聞：有多名爛醉如泥的酒客以這種方式窒息死亡，而且還是在警局拘留期間發生的。也就是說，他們被公權力拘留，但死於監管不當。於是在一九七四年，政府決定為此專門設立一個部門，也就是「酒醉集中照護站」（ZAB，Zentralamblulanz für Betrunkene），讓喝醉酒的人可以在專業的醫療照護下安全清醒過來。數年來，這項獨特的設施發展到各邦，而且一度運作良好。然而隨著案件數量減少與成本提升，這些照護站在幾年前就都關閉了。二○○○年代，我還在漢堡開救護車的時候，就常常需要把人送過去。漢堡當時有很多酗酒和毒品問題，尤其是在聖喬治區（St. Georg）。我們經常會從警局把喝醉的人們接上車，然後在警察陪同下開往照護站，因為這些醉客可能會在行駛過程中鬧事。我們那時常會在無線電中用這樣的代號：「和POL一起送患者去ZAB。」這樣的旅程並不是特別受歡迎，因為送完之後往往會需要把救護車徹頭徹尾清潔一遍。

當然，被送往ZAB的都是沒有受傷的人，他們可能只是因為喝醉而昏睡過去而已。我對一位老先生特別有印象，他喝醉後在街上跌倒，頭部撞出了一道傷口。到診所後，醫生幫他縫合了傷口，也做了例行的血液酒精濃度測試，結果竟然高達百分之○．五六！因為發生了危及性命的呼吸衰竭，他馬上被送進了加護病房。幾個小時後，我們把老先生從加護病房送往酒醉集中照護站，此時他的血液酒精濃度依然超過百分之○．四，但他走起路還是有方向感，也能夠正常和人對話。這怎麼可能呢？我忍不住要問，難道一個人的身體可以適應酒精到這種程度嗎?顯然,眼前的老先生就是個例外,他已經喝酒喝了好幾十年了,特別是穀物釀造的酒。「今天一箱而已。」他輕描淡寫又有點含糊地這麼說道。那可是六瓶烈酒!如果喝醉酒是奧運比賽項目的話,那他應該是世界級的選手了!

幾天後,我們為時髦公寓的女性死者進行屍檢,做了外部和內部檢查後,結果顯示她和剛剛提到的酒豪老先生不同,並沒有長期過量攝取酒精的跡象。從肝臟的狀態來看,我們可以斷言這位三十六歲的女性並非過著滴酒不沾的生活,但也沒有喝得非常多。總的來說,躺在我們解剖台上的死者,是一位生活精緻、保養得宜、在世時稱得上健康的女性。

在解剖紀錄中,我寫下這樣的文字:

「該名女性因嘔吐物而窒息,當時的姿勢極有可能是仰臥。在死亡前不久曾攝取酒精與毒品,造成中毒,限制了其行為能力。」

關於她上唇內側的傷口,我也有在報告中提及,但不是需要特別強調的重點:

「死者死亡的時間點，並未發現嚴重暴力的痕跡，尤其是沒有發現由他人所施加的暴力。上脣內側有最近形成的撕裂傷，額際表皮也有出血，符合酒醉後跌倒的受傷模式。」

死因：嚴重嘔吐物窒息。死亡類型：非自然。在案發現場做出的「搖滾歌手之死」推測，也在屍檢後得到了證實。

事情進行到這一步，我想著：我的工作已經告一段落了。緊接著，死者的靜脈血液、心臟血液、尿液、頭髮、胃部組織、大腦、肝臟和腎臟組織被送去做化學毒理檢驗，這是我們在解剖後都會安排的，不過是出於符合流程，而不是因為好奇心。

幾天之後結果出爐了，讓整個團隊都啞口無言：百分之一．二二，這是法醫毒理學部門在死者血液中檢測到的酒精濃度。認真嗎？百分之一．二二？

所有人都震驚得如遭雷擊，到底發生了什麼事？難道我們的冷藏櫃出現了醫學奇蹟嗎？還是說，有哪個步驟出了錯？大家重新檢測了好幾十次。但我想說明一點：血液中的酒精濃度在死亡的那一刻就差不多被「凍結」在身體裡了，因為死亡後，人體的機能無法繼續分解酒精。雖然屍體腐爛的過程會形成新的酒精成分，但透過相應的檢測，可以把它和人體主動攝取的酒精清楚區分開來。很顯然，這名女子在生前不知道用什麼方法，讓體內的酒精濃度達到了前所未有的高度。但她是怎麼做到的？對我們來說仍然是個謎團。體內酒精含量如此高的個案，在全世界都找不到，沒有相關的科學研究或記錄。不僅如此，在法醫學領域，目前為止也沒有人做過類似的假設，認為人體內的酒精濃度可以達到這個數值。在科學上，偶爾的確會出現一些血液酒精濃度在百分之〇．六左右的個案，通常是發生在老年人身上，畢竟他們往往有著數十年的酒精成癮史，就像前面提過在漢堡的老先生一樣。

但是，這個數值在本案中有什麼意義？這名年輕女性到底是在什麼情況下、怎麼死亡的？我們和警方、檢察部門一起陷入了苦思。在計算方面，以死者的體重來看，她必須一口氣喝掉至少九百毫升（將近一公升）的酒，而且還要是酒精濃度至少百分之六十的烈酒，才能達到血液酒精濃度百分之一．二的數字。這樣的「牛飲」理論上是可行的，但卻又不符合毒理學檢驗中剩餘的部分，因為報告結果顯示，酒精已經在她的身體中擴散了，也就是說在喝下這麼多的酒後，她一定還活了一段時間。

我們繼續思考：死者的血液和頭髮都檢驗出了大量古柯鹼，會不會是毒品稍微中和了酒精的作用？這會是她能喝下如此多酒的原因嗎？很顯然，這名年輕女子會固定服用大量的毒品，她的頭髮測試清楚表明了這點。和酒精一樣，人體對毒品也有適應的現象，不過古柯鹼和酒精的作用卻是彼此對立的，也就是正好相反的意思。大量攝取酒精會導致呼吸被抑制，甚至有可能使呼吸完全停止；古柯鹼則有相反的作用，它會刺激呼吸、心跳和循環加快。如果血液中有大量的古柯鹼，也許人類的確可以在致死劑量的酒精濃度下繼續活一段時間。

也有可能是女子先把胃裡的液體和酒精吐了出來，然後再經由吸氣把酒精成分吸進肺部，當然，她當時還活著。如此一來，她體內的酒精濃度就有可能會上升得又急又快。也許在古柯鹼的作用下，她的身體循環系統過了一段時間後才停止。

又或者，事情的發展和我們想像得完全不同？她有沒有可能是透過陰道或直腸攝取到這麼高濃度的酒精？人體下肢的黏膜可以快速吸收酒精，不過我們在檢驗屍體時，並沒有發現任何相關跡象來佐證這個奇怪的做法，也就是說這個理論缺乏證據。

另一個理論：死者撕裂的上脣內側會不會另有玄機？也許這個傷口根本就不是她在嘔吐時撞到洗手台造成的，而是有人把酒瓶強塞到她口中呢？會不會是馬提亞斯，這位四十七歲的男人，一直強迫她喝酒？他想讓她失去意識嗎？他會不會有什麼不為人知的性癖好？根據我們發現死者時的情況來看，她的身邊有許多高濃度的烈酒，這點至少是可以肯定的。但是，就算我們把其中一個論點寫成報告，提交到法庭上當證詞，也沒有辦法可以證明它的正確性，這在法庭上是站不住腳的，因為死者上唇內側的撕裂上，的確有可能是跌倒撞到洗手台而造成的。如果我們真的提出了沒有證據的主張，那麼等到庭審開始時，被告的辯護律師一定會發起猛烈的攻擊，把證據不足的推論撕成碎片。而這非常正確！僅僅是根據撕裂的上唇這種微小證據，是無法推導出性謀殺結論的。

在此針對「性謀殺」做一個小小的補充：根據統計數據，性謀殺發生的次數已經急遽下降，事實上，幾乎已經不再發生了，這是個好消息。在我們的法醫學院有一份博士論文❻就是在研究柏林過去二十年來的性謀殺，一共有四十起，也就是說平均一年兩起。不過，跟上個世紀的案件數量相比，現今的性謀殺案件已經非常少了。許多年前，有位年長的同事曾經告訴我：他剛開始做法醫工作時，原則上每週都會解剖到被強暴並勒死的女性，在那個時期，經手性謀殺案件幾乎已經變成法醫的例行公事了。

如今，我們真的很少碰到以性為動機的凶殺案，不過當然還是有，有件悲慘的案子就讓我印象深刻：一位在回收場工作的年輕女性在換衣服時遭到同事襲擊，被反覆強暴後，凶手勒住她的脖子，又刺殺了她。接著，他直接把該名女性的屍身丟進現場的垃圾裡。當時正值一月，等警方終於找到被害者時，屍體已經完全凍僵。我們在進行屍檢前還必須等上數日，讓屍體慢慢「解凍」。隨後凶手很快就被抓捕歸案，他對同事犯下的殘忍罪行被一一重建，而且每個細節都罪證確鑿。

但是血液酒精濃度高達百分之一．二的案子呢？對我們來說還完全是個謎團。一名年輕女性不幸且毫無意義地死去了。然後呢？這是一場意外嗎？還是犯罪呢？這麼高的酒精濃度到底該怎麼解釋？

法醫學有它的侷限性，而我們的職業倫理不僅在於認知這些侷限，同時也要忍受它。只有當我們基於法醫學知識和專業經驗做出可信的判斷時，才能對警方、檢察機關和法院提出經得起檢驗的證詞。也就是說一切都要以事實和證據為準，我們不能受到感覺和個人想法的影響，也不能在沒有確定事實的情況下，提出所謂的「確定事實」。在經過幾個月的研究和調查後，我們能對這個案件提出的陳述只有：這位女性死者完全沒有受到毆打、刺殺或絞殺，她是因自己的嘔吐物而窒息死亡。在死亡前，她攝取了毒品和酒精。但她是不是被人強行灌酒致死？案件有沒有凶手？是不是還逍遙法外？時至今日，我們都還無法確定。我們能夠展示的只有理論、推測和假設。

對我來說，這是個讓人很不滿意的結果，不管是我個人或學術層面都是如此。我因為這個案件而感到很挫折，在參加法醫學研討會時，也不斷向同業們提出這個疑問：「到底有沒有辦法能解釋這麼高的血液酒精濃度是從何而來的？」沒有人能提出關鍵的答案。最終，我們決定把這個案件發表在學術界，向所有人提問，同時也冒了一定的風險，因為百分之一・二的酒精濃度在學術界很可能會被當成胡言亂語。這篇文章發表在學術期刊《*Blutalkohol*》上，該期刊是由反酒駕暨反毒品交通協會所出版❼，許多法醫酒精學的專家都會定期在上面發表他們的新發現。很可惜，我們的文章並沒有激起熱烈的學術討論，不過我在私底下有收到其他法醫機構的同事反饋，他們也在屍檢過程中看過高得離譜的血液酒精濃度，同樣是超過百分之一的數據。不過截至目前為止，還沒有人敢真正碰觸這個主題。也許在學術方面，人們會傾向小心謹慎些，避免引來不必要的攻擊，雖然就我的角度而言，這個主題絕對還有更多的研究價值。

卡塔琳娜的未婚夫很快就開始四處找她，這名年輕女性原本說是去參加柏林的一場研討會，但她的未婚夫很驚訝自己竟然整個週末都聯繫不上卡塔琳娜，也等不到她的回電。這並不像她的作風，未婚夫只能祈禱她一切都安好。正好，他有個朋友在巴伐利亞邦的警局工作，於是未婚夫在那裡提出申請，希望警方能協助尋找行蹤不明的卡塔琳娜。不知幸還是不幸，這位警察朋友只需要點擊幾下資料庫，再打幾通電話，就知道卡塔琳娜身處何方了。沒過多久，未婚夫就得知了悲哀的事實：他想與之共度餘生的女性，目前正躺在柏林的法醫部門裡。

❺ 譯註：史塔西（Stasi），即東德國家安全機構。

❻ Unger, M. (2013): Sexuell motivierte Tötungs- delikte in Berlin 1990–2010. Diss. med., Berlin.

❼ Methling, M.; Krumbiegel, F.; Hastedt, M.; Busch- mann, C.; Tsokos, M. (2016): »Abnormal hohe Blut- alkoholkonzentrationen bei letaler Speisebreiaspi- ration infolge einer Mischintoxikation mit Cocain und Alkohol – eine Kasuistik.« In: Blutalkohol 53(6): S. 415–26.

5 一半的屍體

沒有目擊證人、沒有物證、沒有凶器、甚至是沒有屍體的犯罪，就是所謂的「完美犯罪」，對吧？法醫不用工作，警方沒有線索，沒有檢察官，沒有法官，只有一個不知為何消失在這個世界上的人，還有隱藏在茫茫人海中的凶手。

這個黑暗的理論還是就此打住吧。雖然它依然激發著許多犯罪小說作家的想像力，不過在現實中，屍體很少憑空消失，而警方參與調查的凶殺案也很少懸而未決，至於凶手是否每次都有被成功定罪，那就是另一個問題了。不管怎麼說，屍體都不是那麼容易「處理」的，不像電視上演的那樣。

事實上，有發生過好幾次這樣的情況：星期天晚上，我坐在家裡的沙發上看《犯罪現場》❽，然後工作用的手機響起，是警方找我前往「犯罪現場」。甚至有一次，我看的那集就是發生在柏林的犯罪事件，所以我對電話那頭的同事說：「再等我九十分鐘，我應該就可以告訴你凶手是誰了。」在柏林刑事局工作的同事笑了起來，但我那天當然是沒機會把那集影片看完了。

而在另一個秋天，同樣是星期天晚上，我也在出門工作的路上。我一如往常開著我紅色的豐田卡羅拉，它從學生時期就是我最忠實的夥伴，出廠年份是一九九二年，我總是親切地叫它「紅男爵」，特點是副駕駛座的門是銀色的（二〇一八年，我不得不懷著沉重的心情將它送去回收廠，當時它已經奔跑了將近三十萬公里了）。總之，我開車穿越充滿吊車、噪音和工地的城市。當時的柏林正在如火如荼地更新改建，到處都有租客被房東解約，他們也只能離開原本的住處。德意志帝國時期的老房子被房地產公司著手翻新，搖身一變成為昂貴的個人公寓，再被轉售出去。在建築產業如此蓬勃發展的情況下，當然也吸引了許多外地的工人，數以千計的油漆工、瓷磚工、泥水工蜂擁而至，來到柏林大大小小的建築工地。他們很多都是從東歐國家來的，經常一起在簡陋的住所落腳，而且通常只要一有時間，就會搭車回故鄉看看家人。這是個相當嚴峻的環境，因為這些工作常常被子公司中的子公司承包，內部並不公開透明，有時連基本薪資和勞保都沒有。我接下來要講述的案件，就是在這樣的環境裡發生的。

在柏林的利希騰貝格區（Lichtenberg），維克多、亞當和揚一起租下了一棟公寓的側翼，當作他們的合租套房。這三名男子都已年過四十，對彼此的性格也非常了解，所以他們的共同生活十分和諧。這間公寓雖然設備很簡陋，但卻乾淨整潔，牆壁被漆成白色，浴室是重新整修過且附有浴缸，沉重老舊的門也被重新油漆，還加上了金色的裝飾，而打磨過的木頭地板更加強了這間公寓保養得宜的印象。每個人都有一張床墊，不過除此之外就幾乎沒有家具了，只有三張椅子和一個小小的廚房區，裡面有乾淨堪用的家電用品，當然也有清潔用品、水桶和拖把。維克多是主要承租這間公寓的人，也是三人中的老大，他經常發號施令，對此，亞當和揚覺得完全沒問題。白天的時候他們會去工地工作，而且經常三個人一組。

不過，最近合租公寓裡的氣氛不怎麼好，這都是因為公寓裡的第四位住戶，也就是剛搬進來的菲力普所導致的。他是個二十六歲的年輕小夥子，個性暴躁易怒，儘管維克多是公寓裡實至名歸的老大，但他卻對此相當不滿，已經因此吵了好幾次架了。除此之外，這四個男人最近還對他們的工頭心懷不滿，因為他們好幾次沒有及時醒來上工，所以建築公司決定不跟他們繼續簽約了。

時間來到了十月底，維克多決定要休一個禮拜的假，所以人不在柏林。而就在某個星期二的晚上，公寓內的氣氛一觸即發，長久以來的衝突升級了：菲力普掄起拳頭猛揍亞當，這名四十九歲的男人當時正躺在自己的床墊上，遭受了持續的暴力攻擊，最終因腦部損傷而死亡。通常這種過度暴力的事件都有酒精參與在其中，就像之前提過的陽台上的男人一樣，而這個案件也不例外。在毆打發生之前，在場的所有人都喝了不少酒。酒精在這件事中雖然扮演了關鍵的角色，但是到目前為止，這件事還只是隨處可見的悲劇而已。

真正離奇的事情發生在犯罪之後，很顯然年輕的菲力普和年長的目擊證人揚都覺得，謀殺是可以「瞞天過海」的——只要他們掩飾得夠巧妙，讓亞當的屍體消失的話，就不會被查到。總之呢，這個想法是他們從嚴重的宿醉清醒後想到的。那時已經是星期四了，在亞當被打死後，他們因為醉得太厲害，就躺在屍體旁邊睡著了。揚在事後接受調查時解釋道，他當時之所以決定參與這個毀屍滅跡的計畫，一方面是因為他害怕殘暴的菲力普，他一直威脅要把揚也一起揍死；另一方面，揚也很害怕面對朋友維克多的反應。這個週末維克多就會回到柏林了，當他踏進公寓，發現夥伴被打死了，他會怎麼說？這一切都充滿壓力。所以在維克多回來之前，所有痕跡都必須要清除，公寓必須再次閃閃發光，至少揚是這麼想的。

這兩個男人決定要把死者的身體分解，然後一塊一塊丟進公寓前的黑色大垃圾桶裡。這間工人們所住的公寓裡有一柄斧頭，這可是個大傢伙，有超過半公斤重，手柄也是真正的木頭。除此之外，他們還在廚房找到一把菜刀，刀刃部分長十三公分。「這樣應該可以。」菲力普說。遺憾的是，這兩個人都沒有任何解剖學方面的知識。午夜時分，把人打死的菲力普先有了動作，他要把被打死的屍體支解，首先要切成兩半。然而，他在動手時並沒有找到所謂「最適合的部位」，也就是最下面的肋骨和骨盆之間：這個位置「只」需要面對幾層皮膚、一些器官和脊椎。菲力普下手的位置大概要再低十公分左右，也就是有著骨盆和人體最堅硬的幾根骨頭的部位。這肯定花了他很長的時間，也許幾個小時甚至更久，才用這種方式把死者一分為二。而且整個過程肯定是我們難以想像的血腥場面，血液會在牆上噴濺好幾公尺，因為菲力普舉著斧頭用力揮擊，一下又一下，斧頭把屍體砍得亂七八糟。我們在之後的屍檢中找到了數不清的切割和撕裂傷，可以用來證明這點。附近的鄰居也說：那天夜裡有很大聲的「家具移動」噪音，而且持續了很久。

大約到了清晨時分終於告一段落了，亞當的身體現在變成了兩半，腸子從巨大的切口處跑出來。不過房間裡的兩張床墊在支解過程中遭了殃，被血噴得到處都是。揚和菲力普把它們抬到院子裡，藏在一個木製棚架裡，至少可以暫時不被人發現。接下來他們該處理掉死者的下半身了，也就是骨盆和腿。兩人環顧公寓：有什麼可以用來偽裝掩飾的東西？最後，他們拿了好幾條毯子把這半截屍體包裹起來，準備抬走丟棄。

但若是這半截屍體出現在自家門前的垃圾桶裡，未免也太明顯了。所以，在夜色的掩護下（大概半夜兩點左右）他們搬著一個長形的包裹，沿著空無一人的街道走了約三十公尺，然後吃力地把屍體丟進鄰居的垃圾箱裡。就算殺人的嫌疑因此落到鄰居頭上，對他們來說也是好事一件。兩人用力一拉，猛地關上了垃圾箱的蓋子。

如今，主嫌菲力普已經受夠了，過去的幾個小時對他來說太辛苦了。雖然亞當的上半身依然躺在血跡斑斑的公寓裡，但接下來該換揚動手了。於是這個年輕人就此從犯罪現場消失，前往女朋友的住處度過剩下的夜晚。如果他被逮捕的話，他會宣稱自己和殺人一點關係都沒有，因為他當時在另一間公寓裡睡覺——是個不堪一擊的不在場證明。不管怎麼說，現在揚必須獨自回到一團混亂的公寓，他知道自己還有三天的時間，然後公寓的主人維克多就要回來了。這位專業的屋頂工人真的盡了最大的努力，他刷了好幾次地板，一絲不苟地清理斧頭和菜刀，把洗手台殘留的血跡全部洗掉，打掃了廚房，然後把斧頭藏進廚房的櫃子裡。他甚至還粉刷了牆壁，讓它恢復嶄新潔白的模樣，只有一個地方還能看到幾滴血跡，也許是他忽略了，又或者是油漆剛好用完。除了這點之外，其他地方看起來還真的都很正常。水桶和拖把被放在廚房待用，當然是裝滿清水的，這也沒什麼問題。

剩下的只有面對那一半的屍體，但這對揚而言實在太過沉重。因為當時已經是十一月了，公寓裡又有很完善的暖氣設備，所以屍體的上半身已經開始散發出可怕的味道。揚把所有能找到的東西都拿來包裹屍體了，主要是為了防止腐敗的氣味擴散。不過三天之後，在解剖台上，我們和犯罪調查部門的同事一起小心翼翼地解開了這個包裹。在報告裡，我記錄了當時的發現：

「受害者的上半身和頭部被包裹在床墊保潔墊中，布料材質是米白色的椰子纖維。在這個保潔墊的上半部還覆蓋了一些衣物，並用米色的膠帶纏繞，所謂的衣物包含一件藍色男士牛仔褲和一個藍色睡袋，皆被紅棕色的人體組織和血跡弄髒。除了上述提到的米白色膠帶外，這個保潔墊還使用其他東西綁住固定：有三條毛巾（一綠兩紅）和一條被剪斷的電源線（就像是給手機充電的那種）。」

事實上，揚應該是想把這個「包裹」也拿去垃圾箱丟的，但他就是做不到。無論是在生理或精神方面，他都沒辦法承受更多了，於是在接下來的幾個夜晚都沒能往垃圾箱的方向前進一步。這之後的三天，他用烈酒淹沒了自己的煩惱和恐懼，大部分時間都坐著或躺在他包裹好的半截屍體旁。這段時間的揚已經完全麻木了，就連逃跑的力氣也沒有。

他的這種反應其實很正常，因為跟殺人行為本身比起來，死後支解屍體通常更讓人難以忍受。也就是說，和殺人之後分屍相比，在激動之下打死、射死或掐死一名受害者顯然容易得多。而在犯下如此駭人的罪行後，凶手在接下來的幾週和幾個月內，往往需要承受巨大的心理壓力。有很多人最終再也受不了了，一定得找一個人傾吐自己慘絕人寰的犯行。訴說的對象無論是誰都好，也可能是酒吧裡遇見的陌生人，這些聳動的自白也就成為一些分屍案或藏屍案破獲的關鍵。雖然揚在這起事件中從來沒有對屍體揮下斧頭，但他似乎也在等待一個讓自己的良心得以解脫的時刻。

時間來到了星期天晚上，我正坐在電視機前看影集，而就在幾公里外，回到柏林的維克多打開了公寓的門。他一走進公寓，就看見自己的朋友揚獨自躺在床墊上，喝得酩酊大醉。地板上有一團用衣物裹住的不明物體正在發臭，除此之外，公寓裡空空如也。

「揚，亞當去哪了？菲力普呢？為什麼房間裡有個臭味？」

揚的頭從枕頭上抬起來，他沒有一絲猶豫，直接開口說道：

「菲力普把亞當打死了，這裡面裝著的就是亞當。」

一時之間，維克多幾乎聽不懂揚在說什麼，可當他望向地上那團包裹，裡面的確能看到一些染血的毛團，很有可能是人的頭髮，於是他馬上報了警。

被支解的屍體對消防隊、警察和其他救難人員而言，實在不能說是家常便飯，就連對我們法醫來說也相對少見。在柏林，平均每年有一到兩次屍體被支解的案件。我目前所遇過的所有分屍行為，幾乎都是以掩蓋犯罪事實為目的，也就是說被害者的身體不是在還活著的時候就被切斷的，加害者此舉也不是為了滿足自己的欲望，而是希望屍體在分割後能更容易處理掉。我們把這個情況稱為「防衛性支解屍體」。

問題是，很多罪犯都把分屍的過程想得太簡單了。以本案為例，兩名工人和他們使用的斧頭實在是不足以應付這項大工程。不過，他們想用垃圾箱來處理屍體的主意倒是不壞，從案件發生到屋主回來一共有三天的時間，假如柏林清潔隊在此期間將鄰居的垃圾清運完畢，至少死者的下半身可能會就此消失，被柏林市郊的垃圾焚燒場徹底吞噬，難以尋回。不過，直到維克多回來的那個星期天晚上，垃圾箱仍然是裝滿的，還沒被清理過。所以當警方帶著嗅探犬來到案發現場，繞著可疑的區域搜查一遍後，只消片刻便找到了屍體消失的雙腿。分割屍體用的斧頭和菜刀也很快就被發現了，即便揚已經把它們清理乾淨，但依然能在上面檢測出受害者的血跡，剛粉刷過的牆面也一樣。透過一些科學鑑識方法，可以讓肉眼看不見的血跡再次顯現出來，魯米諾試劑（Luminol）就是其中一種。所以，只要是發生在室內的血腥慘案，幾乎都逃不過鑑識和檢測，就算一開始沒有發現被害人的屍體也一樣。

話雖如此，但凡事都有例外，的確曾經有屍體消失得無影無蹤的案例，在當時引起軒然大波。不過根據我的經驗，這些例外可說是少之又少。很久以前，在柏林就曾有個備受關注的案例：一個被叫做「大熊艾哈邁德」的保全人員一夜之間從人間蒸發。因為他和毒販圈子有所來往，所以很快就有人懷疑是某人和他起了爭執後殺了他。警方當時雖然鍥而不捨地查案，但卻始終找不到屍體。就在十三年過去後，他們某天突然得到一條新線索，一名男子聲稱：當年該名保全失蹤時，柏林近郊有一棟房子正在興建，工程進行到地基的部分，而凶手委託他將保全的屍體沉進水泥裡。得知這個消息後，警方調來了重型機械，對這棟房子及其周邊進行了開挖：花園、池塘和陽台的地板都被掘開了，許多媒體記者好奇地站在圍籬外等候，但在浩大的工程後，還是沒有找到任何人類的遺骸。

我個人並不覺得德國境內的地板和水泥地基中被藏了很多屍體，也許有一、兩個受害者被埋在森林中，一直沒被人發現，就這樣靜靜地腐爛，但絕對是少數。一般情況下，只有一個地方能讓人類的屍體完全消失、不留一點痕跡，那就是市立火化場。在那裡，經過焚燒的屍體只會留下一小堆灰燼，如果死者身上裝有心律調節器、假牙或人工關節，可能還會有一些金屬的殘骸，但要從焚燒過後的骨灰中提取 DNA 是完全不可能的事。

有些凶手也許是想到了這點，所以在殺人後試著焚毀屍體，但即便是在死者的身體下放置一堆木柴，堆放成容易燃燒的柴堆模樣，這個計畫也註定會失敗，我敢保證！火葬場的設備和技術是非常複雜而完善的，需要長時間保持一定的高溫才能達到完全焚燒屍體的目的，一般人很難重現這樣的技術。

除了對焚燒屍體的誤解之外，還有一種廣為流傳的迷思：凶手可以在浴缸裡用酸性物質溶解屍體。很遺憾，我在這邊要破解這個謠言，用這種方式是無法使屍體完全消失的！在一九八〇年代，漢堡地區出現了一名「酸桶殺手」，他曾經綁架多名女性，強暴、折磨後殺死她們，然後支解屍體，將殘肢裝進倒滿鹽酸的大桶子裡，最後再把這些桶子埋起來。即便如此，在多年之後仍然可以從桶中發現死者的頭髮、牙齒等痕跡。法醫學教授克勞斯·普舍爾（Klaus Püschel）正是當時出庭作證的法醫專家，他是漢堡艾朋多夫（Hamburg-Eppendorf）大學醫學中心法醫學院的前院長，也針對此案提出了許多報告。

說了這麼多，所謂的「完美犯罪」究竟存不存在呢？其實是有的，絕對有！但是和巧妙支解或偷偷丟棄的屍體沒什麼太大的關係，不如說是正好相反：完美犯罪根本不需要加以掩飾，旁人根本看不出這是一樁犯罪。在屍體被發現之後，不會有警方來偵調，沒有人要求屍檢，也沒有任何人會被懷疑。一個人死了，但一切看起來都很「正常」，似乎沒有需要特別注意的地方——這種「完美犯罪」並非難得一遇的現象，而是需要嚴肅看待的社會問題。

我為什麼會這樣想呢？因為目前的情況是這樣的：在德國，除了巴伐利亞邦以外，每個邦都規定屍體必須由公家機關的醫師或法醫檢驗過，才能進行火化。簡單來說，就是必須看看屍體的狀態和死亡證明上所寫的死因是否吻合。如果死亡證明上寫著「心肌梗塞」，但死者的胸前卻有六處刀傷的話，那就是個顯而易見的矛盾了。遺憾的是，這些細節往往沒有這麼明確。

很多東西都是我們無法透過屍體外觀來判斷的，比方說：一名臥病在床的八十四歲老人過世了，死因真的如家庭醫生的判斷，是「肺栓塞」嗎？還是某個貪圖遺產的家庭成員用過量的藥物造成了這種結果？這要怎麼用肉眼來判斷呢？

這種火化前的遺體確認時不時就會發現不一致的地方，這種時候就需要警方出面暫時保管屍體，並儘快送到法醫部門進行進一步的檢驗。根據火化前檢查出現不一致的數據來看，科學家們在多年前便推斷：德國每年沒有被發現的謀殺案可能有一千起左右。這也和德國進行屍檢的比例太低有關，大概只有百分之二到五的死亡案例會由法醫進行屍檢，而且只有當初步檢查屍體的醫師將死因斷定為「非自然死亡」或「不明」，必須通知警方和檢察機關介入時，才會安排法醫部門進行屍檢（但也不是每次都會這樣安排）。而在這之後，法醫學才有發揮作用的餘地。但如果是「看似」正常的死亡，就不需要警方介入，也就不會有之後的步驟了。

就讀醫學院的學生都必須學習如何進行初步屍體檢查，這是必修課程的一部分。我們作為法醫學的教授，總是試著讓學生對這個主題更加敏感，並將原則教授給他們：不要記錄自己沒發現的東西，永遠保持自主的判斷！我們希望學生們能在之後以醫生的身分檢查屍體，而不是害怕地別開目光。如果檢查過程中沒有得到明確的結果，負責的醫生可以明確地說出：「我不知道。」事實上，檢查屍體的醫生們應該要保持誠實的態度，並更常說出這句話才對。然而很多時候，如果檢查結果不明或找不到對應的跡證，很多醫師會做出「心肌梗塞」或「主動脈剝離」這種模糊的判斷，來逃避自己不確定實際情況為何的事實。其實有的時候，沒有發現具體的結果是很正常的，有可能是方法不恰當才會這樣（畢竟只有屍體的外部受到檢查而已）。原則很簡單：不要為自己不清楚的事情開立證明。有些醫生可能會「不好意思」，擔心自己為警方、檢察機關和法醫部門增加工作，所以做出「死因可能是肺栓塞」這樣的結論。在我看來，這是很不恰當的，每位法醫一定都碰過醫生的初步檢查結果和真正的死因產生嚴重誤差的情況，例如：把頸部的刀傷判斷為「食道靜脈曲張出血」，或是忽略一些致命的護理疏失，像是死者的背部明明有發炎的開放性褥瘡，卻沒有被寫進報告中，只因為負責的醫生沒有把屍體翻過來檢查。如果這些明顯的跡證在初步檢查時成了「漏網之魚」，屍體可能會被直接火化，而最重要的證據也許就這樣永遠消失了。

讓我們回到案子來，說說被殺害後切成兩半的工人亞當。多虧了清潔隊的行程表，他的下半身還在，不過要將其作為證物保存顯然十分困難。當我抵達現場後，還沒有人仔細看過那團奇怪包裹的內部，更不用說是用手觸摸了。警察首先希望我釐清的是：「這裡面真的有可能是一個人的屍體嗎？」我小心翼翼地撥開包裹的一角，看見一隻腐爛發綠的耳朵。「對，是人體的一部分沒錯。」

很明顯，上半身的腐爛情形比隨後發現的下半身更為嚴重，因為上半身被留在有暖氣的室內，下半身則是在室外的垃圾箱裡。結果屍體的兩條腿仍然保持在相對完好的狀態，但上半身卻已經發綠，皮膚層層脫落、油脂滲出，讓檢驗變得更加困難。

面對已經開始腐爛的屍體，用屍體溫度判斷死亡時間的方法就不再有用了。不過身為法醫，面對腐爛的屍體可說是家常便飯：在大城市裡，總是會有人在高樓大廈裡的自宅不幸身亡，然後過了幾天、幾週、幾個月、甚至是幾年後才被發現，通常都是因為氣味的緣故。如果是發生在廉價的公寓裡，屍水還可能會造成損壞，例如滲透到地面，從樓下鄰居的天花板上滴落。在某些情況下，屍體會幾乎像是融化成一個水灘，這之後會變得乾燥並木乃伊化。除此之外，在腐爛的過程中，細菌也會產生氣體，讓屍體顯得肥胖腫脹。有些屍體的嘴巴會張開，雙腿大開，血液溶解為紅色的腐爛液體，並從屍體的口鼻部位流出。

因此，在屍體腐爛的情況下，死因偶爾會被判斷為「吐血」或「腸胃出血」，但這些通常都不是真正的死亡原因。傳說中的吸血鬼迷信有一部分也是來自中世紀時期對腐爛屍體的觀察：這些死亡的人變得奇怪而臃腫，好像「攝取了充分營養」；「血」從口鼻處流出來，這些血是他們在夜裡襲擊活人而「吸」來的血嗎？

最後，讓我們再次把目光轉回利希騰貝格區死去的工人：在解剖室，我們把他的屍體重新拼接起來了，所有部位都在，並無缺漏。因為他的上半身嚴重腐爛，所以我們沒辦法向警方提交很詳細的結果，只能確認我們在屍檢中發現的跡證和警方調查的結果並無矛盾。我想，這至少比一無所獲要來得好。

而且，至少這位死者最終能維持完整的軀體，帶著尊嚴被安葬。

❽《犯罪現場》（Tatort），德國一檔長壽犯罪影集。

6 隧道裡的腳

好幾年前開始就有人在說：紙本媒體正在走下坡，印刷的書籍和報紙就快要絕跡了。雖然我不希望這種情況真的發生，但萬一真的變成那樣，應該也跟我無關。因為我是個非常熱愛閱讀紙本的人，每到週末，我都會準備好咖啡和小圓麵包，舒舒服服地讀報紙。這樣的樂趣我可不想放棄！在看報紙的時候，我不只會看充滿娛樂性的副刊，也很喜歡讀「綜合版」的各種故事。

有一天，我在《每日鏡報》（*Tagesspiegel*）看到了一篇很有趣的文章，只有短短幾行：

一天前，在地下鐵隧道中發現了一隻腳，是一隻已經木乃伊化的人腳！

當時，柏林運輸公司的一位軌道檢修員正在進行夜間檢查，這項工作屬於定期檢測的一部分，主要是要看看柏林地下隧道裡的這些軌道和轉轍器是否能夠正常運作。而就是在檢查的時候，檢修員發現了人體的一部分。沒有人知道這隻腳是從哪來的，也沒人知道它怎麼會出現在地下隧道裡，警方目前正著手調查。因為職業的緣故，這則新聞馬上引起了我的好奇心：只有一隻腳，沒有其他線索了嗎？

我馬上想起過去幾年來曾經解剖過的許多「軌道屍體」，這個名詞是指臥軌或跳到行駛的列車前以求一死的輕生者。也許這隻腳是其中一位軌道屍體的？不管怎麼說，回頭檢視一下我自己的筆記總不會錯，我一邊想著，一邊開始了調查。我在電腦裡有建立一個 Excel 表格，裡面紀錄了所有我經手過的案例，若是案件有特殊之處，也有註記標明。平時我需要提交給司法機關的是詳細的屍檢報告，大概會包含好幾頁的文字。不過除此之外，我覺得用電腦簡單紀錄也不錯，可以在多年以後快速對從前的案件有個概覽。如果我們部門有數位資料庫當然會更理想，這樣就可以把柏林所有的屍檢紀錄保存起來了，可惜我們目前的設備還沒有那麼先進。不過，我們倒是有個非常好用的語音辨識軟體，可以在工作中使用。我只要對著設備念出我的每日報告，這個軟體就會將內容轉換為文字，成果大部分都沒什麼問題。

事實上，我只點了幾下滑鼠，就在我個人的檔案庫中發現了幾年前的一起事件。二月的某天上午，一名年輕男子跳到行駛中的列車前，因此被撞身亡。當時的列車司機注意到了撞擊，踩了煞車後發現男子的屍體。當時，我在報告裡這麼寫道：

「被列車輾過造成的多處創傷，器官多處嚴重撕裂，軀幹、骨骼和四肢多處骨折。雙腳和左臂被截斷，右腳在屍體旁被發現。」

當時，這起案件中最引人注意的是死者消失的左腳。不過在我目前讀到的報紙文章中，並沒有寫隧道中發現的是左腳還是右腳，所以我撥通了柏林警方的市民熱線。在電話裡，我說明了自己的來意，並表示想提供幫助。不過電話那頭的同事一時之間也不能確定，那天夜裡發現的究竟是左腳還是右腳。

在柏林這樣的大城市，發現骨頭的狀況並不少見。警方通常不會馬上聯絡法醫，或者把我們叫到發現地點，而是會把發現的骨頭送往法醫部門。我們主要負責解明兩個問題：第

一、這是人類的骨頭嗎？第二、如果是的話，這根骨頭的主人年紀有多大？雖然沒辦法得知精確的年齡，但可以推導出大概的範疇，而這種粗略的範疇就能讓警方繼續進行下一步了。一般來說，超過五十年以上的人骨是屬於歷史考古學家的研究領域；而若是骨頭的主人年紀在五十歲以下，就會引起警方的注意了，因為其中很可能涉及到犯罪行為。當然，對於年齡的推斷不僅是基於法醫的判斷，發現地點的特徵偶爾也有助於縮小時間範圍，例如：有些骨頭是在年代久遠的管線下方被發現的，那麼掩埋時間顯然就會比鋪設管線的時間更早。

在柏林，許多歷史性的遺骨都是在鋪設新管線、建造新的地下室或地下車庫時被挖掘出來的，其中很多都是第二次世界大戰的犧牲者。一九四五年四月，在柏林發生了德國境內最後的戰役。根據估計，大約有二十萬人在街頭的戰鬥和空襲中徒然失去性命，包含軍人和平民。彼時，納粹德國早已打輸了這場戰爭。而在戰後數日的動盪下，並不是所有死者都能被妥善安葬，這就是為什麼歷史性的遺骨會不斷在柏林出現，從部分骨骼到完整的人類骨架都有。特別是到了夏天，首都的建築工事會達到一年內的最高峰，這時，遺骨也會出現得特別頻繁，有時甚至會連鋼盔和軍靴一起被挖到。

不過，警方有時也會帶給我們一些根本不屬於人類的骨頭，我們時常拿到人們在數十年前埋在花園裡的骨頭，結果發現那是未經許可私下屠宰動物後的產物。有一次，我被叫到新克爾恩區（Neukölln），因為警察在公園裡發現了好幾袋可疑的塑膠袋，裡面裝滿肉和骨頭的殘渣，而且全都腐爛得相當嚴重。這會是被分解的屍體嗎？我們擔心著最糟的情況，但是在看過之後，警戒很快就被解除了，因為這些骨頭總共來自半隻豬。很顯然，它們是某次大型烤肉派對的殘骸。

不過有時候，人們也會找到非常古怪的東西：有位男子在市郊的森林散步時，發現了幾乎遍布一整座山的人骨！經過進一步的檢驗，我們發現這是十九世紀末一位醫師的病理學收藏品。所有骨頭都在數十年前經過專家解剖，因為頭骨上能看到典型的鋸子切痕，有些甚至還安裝了鉸鍊，便於觀看，這表示這些人骨應該有被用於教學用途。我們猜想，這可能是某個孫子不想再看到爺爺所留下的陰森遺產，於是乾脆讓它們全都回歸大自然吧。

關於那隻隧道裡的腳，我們首先必須面對的問題是：它和當年的舊案有關聯嗎？乍看之下是無法辨認的，因為這隻被找到的腳（在此期間，警方已經將它送到了法醫部門）已經完全木乃伊化了，不但脫水乾枯，還因為腐爛而成了深棕色。因此，我們採集了 DNA 樣本送到實驗室進行檢測。按照規定，我們會保留所有檢驗過遺體的DNA樣本，可能是一些心臟血液或一小塊組織。這些樣本至少會被保存到檢察機關的調查過程結束。所以就算事隔多年，有許多案件還是可以透過這些證物來解決。

在多年前那起跳軌案中死亡的年輕人，死後也曾躺在我的解剖台上。當時的事發經過是這樣的：這名年輕人突然從原本所在的醫院離開，幾個小時後，他站在黑暗的地下鐵隧道裡，迎面而來的是正以時速五十公里進站的列車。在他被輾過後，警方投入了一整組隊伍和嗅探犬，在隧道裡沿著軌道尋找他消失的那隻腳。雖然他們非常仔細地檢查過鐵軌的周邊，一直搜查到下一站為止，但仍然一無所獲。最終只能將軌道清乾淨，讓地鐵再次恢復運行，死者的左腳依舊處於失蹤狀態。

其實我考慮了很久：到底該不該在這個故事裡提到輕生這個主題？現今的各種媒體平台通常都會用比較迂迴的方式提及輕生，這是有理由的，因為擔心對細節的描述會引起其他人跟著模仿。有輕生傾向的人實在不應該接收這些額外的「刺激」，這個論點非常有說服力，在學術方面也有專家們研究出所謂的「維特效應」[9]。但身為法醫，我卻不想也不願意對這種死亡模式閉口不談。在我的職業生涯中，輕生的案例其實占了很大一部分。不過有句話我想先和讀到這裡的你說：如果你正在和憂鬱症或輕生的念頭對抗，希望你能讓專業的治療師介入幫忙，或者到診所尋求幫助。

接下來，我不得不揭露一個悲傷的事實：你知道全世界因外力死亡人數最多的群體是哪個嗎？不是戰爭受害者，不是交通事故的死者，也不是被打死、被謀殺的人，而是輕生者。也光是在德國，一年內就有大約十萬起試圖尋短的案例，其中近一萬人真的死於自己之手。也就是說，平均每一小時就有一名輕生者死亡。從數據上來看，男性尋短的比例更高，約占總輕生人數的四分之三。

其實，這幾十年來的輕生率持續地下降，和一九八〇年代初期比起來，數字已經降低了將近一半。更加完善的醫療照護、面對疾病的更多治療方式，以及社會大眾對心理健康逐漸提升的敏感度，都是讓輕生率逐年下降的重要原因。儘管如此，還是有太多人未能及時得到幫助，輕生的悲劇也不斷上演。

在德國，輕生者（Suizidenten）（法律上會使用「自殺者」（Selbstmörder）一詞，但身為法醫，我們是絕對不會這樣說的[10]）最常用來尋短的方法是自縊，這會讓大腦在很短的時間內就進入缺氧狀態。我在先前的〈致命韻事〉章節也有解釋：在我們的頸部，負責將缺氧血送往心臟的靜脈位於相對外側（表層）；而負責將充氧血送往大腦的動脈則在相對內側的地方。一個人在自縊的情況下，頸部會受到繩子或其他工具的壓迫，我們在法醫學上稱為「繩段工具」。而加諸其上的是身體的重量，從外向內的收縮壓迫阻斷了血液流動，於是頭部和頸部很快就會充滿缺氧血，特別是大腦。這種情況被稱為「孤立性腦缺氧」，通常只要十到二十秒就會讓人失去意識，在三到五分鐘後，就會陷入腦死狀態。在部分案例中，有些人在自縊後心臟還持續跳動了約三十分鐘，然後心血管循環才停止。有時，缺氧也會引發癲癇症狀，但當事人往往對此毫無知覺，因為此時他已經陷入腦死了。

在凶殺案中的勒死或掐死和自縊的情況完全不同，雖然都是對頸部由外向內施力，但力道會小很多。這就表示受害者不會馬上失去意識，而是必須絕望地掙扎求生，整個過程可能會持續數分鐘之久。

根據德國聯邦統計局資料顯示，將近五成的男性輕生者死於「縊死、勒死或窒息死」，女性則較少，略高於三分之一。

很多人對縊死都有種誤解，認為自縊會導致頸椎斷裂，讓自縊者因此身亡，然而事實並非如此。雖然頸椎的上半部的確可能骨折（有個說法叫「上吊骨折」），但我們在解剖或對死者進行電腦斷層掃描時很少看到這種情況。通常只有很大的高度落差（例如從橋上跳下）結合較細的繩段工具，才會導致頸椎瞬間承受極大的力道，造成骨頭斷裂。

以前我還在當急救員的時候，時不時也會遇到縊死的案例。我和我的同事們當然會全力營救當事人，不過我必須說：一個人被繩索繞頸，懸掛在屋樑上的畫面實在充斥著殘酷的暴力，那種感受是言語難以形容的。有一次我們接到呼叫，大晚上前往一座森林：有名年輕男子在慢跑時看到一位懸掛在樹上的死者，他立刻跑到最近的公車站報警。當我們抵達時，報案男子一開始根本想不起目擊屍體的確切位置是在哪裡了。

「就在後面的某個地方！」他說，於是我跟兩名警察一起展開搜索。我開著救護車，慢慢跟在警方的巡邏車後面，穿過幽暗的林間道路。當時是三月的某個夜晚，氣溫很低，月光灑落在我們身上，光禿禿的樹上停著幾隻黑色烏鴉。我們的目擊者顯得心神不寧，當我們靠近發現屍體的地點時，他不願意從警車上下來，只是粗略地指了一個方向：「就在那邊……」我們拿著手電筒，在小樹林裡尋找著，最後我終於發現了死者——因為我差點直接撞上他懸在半空中的腿。

這名死者在樹枝上掛了約三個月，他的身軀已經腐爛並木乃伊化了。在野鳥和蛆蟲的啃食下，他的面部已經所剩無幾，沒有留下多少部位，不過繞過他頸部的黃色尼龍繩倒還是非常顯眼，這個景象我一輩子都無法忘記。在發現死者後，我們通知了消防隊，最終一起合作把這名輕生者從樹上放了下來。屍體先是被裝入屍袋，然後放在擔架上，由我們抬著穿越石頭草木，最後搬上救護車，送往法醫部門。參與這次行動的所有人都是男性，而我能感覺到，嚴重腐爛的屍體在月光下搖晃的這一幕令每個人都感到毛骨悚然。不過，沒有人會承認這點，我們反而是用隨意的老生常談和黑色幽默來掩飾心中的不安。

對我來說，這是輕生行為最令人難受的一部分：家屬或陌生人在發現尋短現場時，要面對的往往是難以承受的極端場面，令人措手不及。這樣的死亡方式總是令人悲痛又震驚，很多人在類似的經歷後，要花上很長一段時間才能從中恢復過來。例如：看見有人從高樓一躍而下，或是在浸滿鮮血的浴缸中發現割腕的死者。還有個職業特別容易受到這類影響：根據估計，德國平均每天有兩到三人會跳到列車前，結束自己的生命。也就是說，每天都有兩到三位列車駕駛員需要面對這樣的創傷。其中也有很多人在經歷了跳軌尋短事件後，變得無法工作。

當然，也有人會用特別慘烈或離奇的方式來結束自己的生命。我在屍檢時曾經看過嘗試對自己開了好幾槍後，依然拿刀自戕的輕生者；也常看到和當事人職業有關的尋短方式，像是使用釘槍自戕的肉販，用配槍朝自己射擊的警察，或是為自己注射致死劑量藥物的麻醉師。有一次當我抵達現場，發現等著我的是一名倒立死去的男子，顯然他已經厭倦了生活，從床上就這麼滑到床與櫃子之間的縫隙，好幾天都保持著頭朝下的姿勢，就這麼死去了。另外一種不幸的情況偶爾會發生：如果輕生者在自宅死亡後一段時間都沒有被發現，可能會被家中養的寵物所啃食。

總的來說：沒有什麼情況是不可能的，再怎麼奇怪的事件都有可能發生。我們就曾經看過一名總共用了五種方式尋短的輕生者，他不但刺傷自己、對自己下毒，還在身上點火，把自己懸吊起來，最後跳進水中。基本上，法醫學有句經驗談是這樣說的：越是光怪陸離的情況，就越有可能是自殺。

我不會對這種自戕行為和相關的病症妄加推斷，因為自殺的念頭對我而言是很陌生的，這也是我幸運的地方。不過每每看到輕生者留下的遺書，都會觸動我的心。曾經有一位將近七十歲的老先生在房樑自縊身亡，我們在他的外套口袋發現了一封長長的手寫遺書，他寫道：自己得了胰臟癌，比起因為疾病飽受折磨、痛苦又緩慢地步向死亡，他更想主動求死。

雖然這位老先生所面臨的處境很艱難，但他的遺書幾乎可以說是開朗的。他感謝了自己生命中遇到的很多人，尤其是給自己的兄弟留下了溫暖的話語。同時，他也沒忘記需要照顧的親人，希望有人能在他死後繼續照顧養老院裡纏綿病榻的姨婆。他還特別交代，在葬禮上最好能讓姨婆坐在儘量靠左的位置，因為她只有右耳聽得清楚。然而當我們進行屍檢時卻發現：這位老先生的身體其實很健康，完全沒有得到胰臟癌的跡象。我們並不清楚他是怎麼得出這個結論的，也許他曾經感到上腹部疼痛，而且有擴散的趨勢，在Google搜尋了關鍵字後自行得出了罹癌的結論。總之，沒有人知道事情的真相究竟是如何。

在二〇二〇年春天，也就是第一次因新冠肺炎封城的期間，我們也在一些輕生者身邊發現了類似的遺書：他們確信自己感染了新型病毒，或者認為再這樣下去，自己一定會被傳染而死亡。因為害怕染疫而死，他們選擇自我了斷——這種思考模式是悲劇性的。值得一提的是，這些輕生者其實都沒有受到新冠病毒的感染。索寇斯教授（Michael Tsokos）和我在二〇二〇年的初夏發表了一篇期刊文章[11]，裡頭就記錄了一些相關案例。我們想要藉此向大眾表明：社會性的孤立、媒體上持續的警示和封城隔離對心理狀況不穩定的人而言，可能會造成哪些危害與影響。

有些人認為，唯有死亡才能終結自身的痛苦。從我的經驗上來看，這些人並不是來自特定的階級或團體，而是男女老幼、貧富皆有。他們的決定往往會對家人造成巨大的影響，很多人數年來一直背負著罪惡感，心中的疑問縈繞不去：「為什麼？我當時可以做些什麼？我原本有辦法阻止他嗎？」然而，輕生者再也聽不見、也看不到這些痛苦了。這些走上絕路的人在生前所面臨的痛苦，讓他們的思緒只在「想死」的念頭上打轉，沒辦法考慮到其他人。不過我們也不能因此責怪他們，這些都是疾病所造成的。

法醫學一直都像是反映社會的一面鏡子：雖然接受屍檢的死者並不多，但是在解剖台上，我們可以清楚看到社會上的人們都經歷了什麼。他們是怎麼死的？身體健不健康？承受了哪些心理負擔？我遇過年紀最小的輕生者只有十二歲，他因為擔心自己學校成績不好而尋短；最年長的輕生者則是已經一百〇一歲了，那時他剛剛失去另一半，又失去了視力，沒辦法再看電視上的足球比賽，種種情況都讓他覺得繼續活下去也沒意思了。在金融危機期間，我解剖過一位年輕的銀行員，他剛剛失業，有妻子、一個小孩和一棟付不出房貸的房子。某天早上，他在柏林威爾默斯多夫區（Wilmersdorf）的高級飯店登記，要住進最高層的房間。「您明天需要用早餐嗎？」櫃台的工作人員問道。「不用，謝謝。」沒過多久，他就從房間的窗戶一躍而下。

最後，來說說故事的結尾：經過DNA的分析比對，地下鐵隧道的那隻腳正是屬於多年前跳軌尋短、被列車輾壓而死的那名年輕人。腳被發現的位置和他輕生的位置中間隔了兩個地鐵站，這隻腳顯然是在斷裂後卡在列車的零件中，被拖到兩站外才掉落下來。警察當時只搜尋了一站的距離，沒有把搜索範圍擴大到下一站，所以這隻腳才在隧道裡待了好幾年，誰也沒有發現。直到一位細心的軌道檢修員在工作中看到奇怪的東西，彎下腰一看，才讓這隻腳重見天日。不過這位檢修員一定嚇壞了。

9 譯註：維特效應（Werther Effect）是指歌德《少年維特的煩惱》一書問世後，大量年輕人效法書中主角維特自盡的現象。

10 譯註：作者在書中避免使用「自殺」二字，因為德語有兩個表示自殺的詞彙：Selbstmörd(self-murder) 和 Suizid(suicide)。雖然司法上會用 Selbstmörd 一詞，但以作者身為法醫的角度來看，似乎認為它太強調「謀殺」的意涵，在文中也提到法醫學不會使用 Selbstmörd 這個說法。為了在中文裡做出區隔，翻譯時也避免使用自殺，而是用「輕生」、「尋短」代替。

11 Buschmann, C.; Tsokos, M. (2020): »Der ›Corona- Suizid‹ – ein neues Suizidmotiv im Rahmen der Corona-Pandemie in Deutschland 2020.« In: Arch Kriminol 245 (5–6): S. 143–154.

7 在樓梯間

我在柏林的法醫生涯中，經歷了許多難捱的夜晚，其中一次就是發生在多年前十月的某個星期六。這天從傍晚開始就十分血腥：在柏林北部維特瑙區（Wittenau）的一間公寓裡，三個年輕男人展開了一場持刀械鬥，我們就叫他們丹尼斯、安迪和派崔克好了。其中兩個人身受重傷，而二十六歲的派崔克被發現時躺在公寓前的樹叢中，已經沒有了生命跡象。

這起案件對警方而言一定很有既視感，因為就在一個禮拜前，三十四歲的丹尼斯才剛被人持刀攻擊，地點正是同一條街的同一棟公寓前。當時，有一名戴著橡膠豬面具的男子從街上朝他衝過來，在丹尼斯毫無防備的情況下砍掉他的一隻耳朵。即便柏林是一座充滿粗獷魅力的城市，這樣的場景也太超現實了點。被送往醫院後，丹尼斯的耳朵被重新縫合起來，他向警方供稱：自己並沒有認出行凶者是誰，更不用說是指認了。在事情發生後的幾天，警方全力尋找這名逃逸的陌生嫌犯，街邊小報也報導了這起事件，猜測這名殘暴的「豬面人」究竟有什麼打算，怎麼會就這樣從寧靜住宅區的樹叢裡跳出來？民眾的安全是否受到了威脅？

時間回到現在，也就是下一個星期天，晚上十一點半，下一起持刀攻擊事件發生在同一個地點。在這次的事件中，沒有人帶著豬面具，反而可以說是某種報復行動：很顯然，重新縫好耳朵的丹尼斯帶著他的朋友安迪，與派崔克起了爭執，因為派崔克就是躲在豬面具後攻擊他的人。雙方都拔出了刀子，隨後就是一陣混亂。

當警察和救護人員趕到現場時，被刀刺中的死者正躺在公寓前院的樹叢中，顯然他是在瀕死狀態下爬到這裡的。救護人員抵達後馬上衝進了屋內，並沒有第一時間注意到他。在案發現場，類似的情況其實並不少見。當死者察覺自己的生命已經走到盡頭時，會想辦法縮在安全的角落，我常常看到這樣的光景。舉例來說，消防隊員常常在火災現場的櫃子或床底下發現罹難者。此時，人類的行為模式和動物無異，有些人會爬進垃圾桶裡，有些人會躲在櫥櫃中，有些人則是會俯臥在沙發下，有一次我們甚至在一個狐狸洞裡發現了一位輕生者。這種行為模式被稱為「hide and die」，也就是躲藏後死亡。我記得好幾年前，警方把一整個紙類回收箱搬到法醫部門，因為有位老先生爬進裡面，在自己身上澆了汽油，然後點火燃燒。在這樣的情況下，他的屍體和回收箱裡的物品以及桶子本身都融化在一起了，那次的屍檢實在是非常艱難。

而在維特瑙區的這起案子中，我們無法明確判斷：這名年輕人是因為感到死亡將近才躲在樹叢中，還是想藉此躲避另外兩名攻擊者？（不過當警方來到現場時，是在五樓發現另外兩人的，而且他們顯然也沒有試圖追擊派崔克的意思。）不管怎麼說，這棟公寓的居民們注意到屋內出現騷動，也看到了傷者，於是撥打了緊急救難電話。因此，救護人員到場的第一時間自然是衝進公寓裡，也確實發現了兩名渾身是血的男子。他們稍後才在公寓前的樹叢發現派崔克，當下也立刻對他施行心肺復甦術，然而這時的派崔克已經回天乏術了。

在這之後，我也抵達了案發現場，在救護車上仔細觀察了屍體，並發現幾處很深的刺傷和一些防衛性傷口。此時的時間已經來到了凌晨一點，犯罪調查部門的同事也已經趕到，並接管了現場。這起事件被歸類為所謂的「已知案件」，也就是說：警方已經確定了兩名嫌疑人，就不會針對「未知」的方向調查了。因此我們和執勤的檢察官商量好，在星期天（也就是當天）早上九點對死者進行屍檢，這樣應該就可以了。我瞄了一眼手表，心想：在工作開始前應該還能睡上幾小時。然而事實證明，這個驚心動魄的夜晚才剛剛拉開序幕。

就在我正想和犯罪調查部門的同事道別時，有新的消息傳來，就在剛剛，另一起凶殺案發生了，地點是寧靜的瑪利恩費德區（Marienfelde），位於城市的另一頭。案件的情報很不尋常：一名男子燒死了一名女性，火勢蔓延到整間屋子。即便是柏林這樣有著百萬人口的大城市，在幾小時內接連發生兩起重大刑案也是很罕見的情況。根據警方犯罪部門的統計，在過去幾年，柏林平均每年會發生九十到一百二十件殺人與殺人未遂案，其中，平均每年會有三十到四十人死於這些犯罪事件。而現在竟然一個晚上就發生了兩起犯罪！

在維特瑙的組員們還需要相當長的時間，才能完成對持刀械鬥案的取證。再怎麼說，他們都不能放著這個現場不管：整個公寓不但血跡斑斑，還有染血的樹叢要處理，畢竟死者所遭遇的狀況都仍未查明。調查員們必須要保護現場，並完成所有的紀錄，不能就這樣丟下前一個現場，趕去下一個地點。那到底該怎麼辦？突然，大家的目光落在我身上：

「克拉斯，你先去那邊看看情況吧，我們隨後就到。」

哇！這是他們信任我的證明，我覺得很榮幸！雖然我顯然不是警察或犯罪調查員，而是一名法醫，但犯罪調查部門的組長，也就是柏林警界的重要人物願意信任我，讓我先去第二個犯罪現場，看看那裡到底發生了什麼事。我抓起車鑰匙，發動了我的「紅男爵」，雖然身體有點疲倦，但也有一絲興奮。瑪利恩費德區到底有什麼在等待著我？至少在接下來的夜晚，我是別想睡覺了。

在這個夜裡，卡洛斯殺死了他的女朋友梅蘭妮，他們在一起已經將近十年了。和所有發生在親密關係之間的犯罪行為一樣，兩人交往的故事充滿波折。他們可說是一對不太相稱的情侶：梅蘭妮是一位物理治療師，對祕術和靈性深感興趣，大家都認為她是個友善、熱愛生活、樂於付出的人；她的男朋友卡洛斯是西班牙人，有著墨西哥血統，身材高大壯碩，肌肉發達，滿臉橫肉，和梅蘭妮相反，他是個嫉妒心極強、心理不安定、霸道且要求很多的人，他的自尊心很容易受傷，這讓他在找工作時遇到很多困難。身為治療師的梅蘭妮和身為音樂家的卡洛斯已經有過好幾次關係危機，他們最近其實曾經分開了幾個月，不過經過卡洛斯不斷的努力與對話，兩人又走到了一起。梅蘭妮現年五十二歲，她對卡洛斯可說是一往情深，不只在卡洛斯失業期間資助他數年之久，還把自己所有的密碼都交給了他，所以卡洛斯可以看到梅蘭妮發電子郵件給誰、和誰用社交軟體通話、和誰傳訊息。對嫉妒心極強的卡洛斯而言，監看伴侶的社交生活是一件理所當然的事，他認為這是構築良好關係的條件之一。只要他看誰不順眼，就會用梅蘭妮的社交帳號把這個人封鎖，這也導致梅蘭妮再也收不到某些朋友傳來的消息。

一直以來，這位物理治療師只是忍受著男友的行為，雖然她和他在一起早就不再覺得幸福。不過就在凶案發生的幾個月前，梅蘭妮終於試著在他們的關係中制訂新規則。她開始頻繁和前男友見面，在他們分手後，兩人依然維持著深厚的友誼。除此之外，她還堅持把自己的密碼都換掉，想在不被干涉的情況下自由地和他人聯繫。卡洛斯則覺得這簡直是對自己的奇恥大辱，尤其是梅蘭妮和前男友的互動，更是讓他氣到快瘋掉。其實在一年前，卡洛斯終於在斯圖加特找到一份音樂老師的工作，所以只有在週末會待在女友柏林的住處。他們一再因為梅蘭妮的人際關係而爭吵，不過到這個時候為止，還沒有發生過肢體衝突。

在十月的第一個週末，這對情侶一起去上了一門課程，是關於整頓自己的生活並接納新事物的講座。梅蘭妮很積極，但卡洛斯卻一點也不喜歡。在課程結束後的星期六晚上，他們又開始討論那個一再需要面對的問題：要分手嗎？還是要繼續在一起？如果要繼續在一起的話，雙方要遵守那些條件？隨著談話的發展，卡洛斯覺得自己被冒犯了，於是獨自回到客廳，默默地坐在電視機前；梅蘭妮則是回到臥室，躺在床上陷入了沉思。

梅蘭妮所住的公寓環境很不錯，鄰居們彼此都認識多年了。時間來到凌晨一點半左右，這時幾乎每戶人家都已經熄燈休息了，但卡洛斯正準備要執行他的計畫。之後向警方投案時，他供稱：自己並不是想殺死女友梅蘭妮，只是想讓她「變醜」，這樣她對其他男人來說就會失去吸引力，也就會永遠留在自己身邊了。至於這是否是他事後為了脫罪的說詞，我們在這邊暫且不深究。總之，卡洛斯從浴室拿出事先藏起來的一桶燃燒用酒精，先是倒進一個花瓶裡，然後走到熟睡的女友身邊，把酒精澆在她的頭髮、臉和上半身上，隨即點火引燃。梅蘭妮被驚醒，發出痛苦的尖叫，哀求男友救救她，但卡洛斯卻跑出家門，沿著木造的樓梯跑下四樓，來到外面的街道上，接著便開始徒步逃亡。此時梅蘭妮的頭部和上半身已經完全被火焰覆蓋，她試著跟在卡洛斯身後，一邊哀號著，一邊跌跌撞撞地走到樓梯間。一位鄰居被這些聲響所吵醒，打開門想看看情況：都這麼晚了，到底發生什麼事了？結果竟然目睹了鄰居梅蘭妮的慘狀。她全身被將近兩公尺高的火焰所包圍，簡直像一支火炬，嚎叫著、搖晃著、熊熊燃燒。一直到通往地面的最後一個平台，她才終於停住不動，然後向前倒了下去，滾下最後幾階樓梯。這位目擊鄰居簡直被嚇壞了，連忙跑回房間抓了一條毯子，跌跌撞撞地衝過樓梯間，連人帶毯撲到了梅蘭妮身上。他這麼做確實撲滅了火焰，過程中還讓自己也燒傷了，不過卻無法挽回梅蘭妮的生命。還有另一位年紀較長的鄰居也看見梅蘭妮在眼前死去的一幕，她也是被聲音驚醒，一打開門就看見梅蘭妮正從樓梯間滾下來。這位鄰居因為驚嚇過度而當場中風。

不僅如此，公寓裡其他鄰居的生命此時也受到威脅：在梅蘭妮的臥室裡，火勢幾秒內就蔓延開來，床、櫃子、門、窗框都被火焰所吞噬，有毒的煙氣開始蔓延到走廊上。在消防隊迅速抵達現場後，他們用雲梯救出一名完全不知道發生什麼事的住戶，當時他正站在四樓自家的窗前，因為驚慌而一度想往下跳。當凶手被逮捕歸案後，在法庭上，他也被指控要為此負責：出於不堪的動機，他陰險、殘忍地謀殺了自己的女朋友，不僅如此，他輕率的舉動也威脅到公共安全，將鄰居的生命當成兒戲。當時在梅蘭妮的廚房裡還有一桶十公升的瓦斯，如果火勢進一步蔓延，那整間屋子勢必會爆炸。

星期天的凌晨，在接近三點時，我抵達了案發現場。在場有許多消防隊員投入救援，也有好幾輛重型消防車停在案發公寓前。救援和滅火的工作大概持續了一小時，在那之後，我才能踏入充滿滅火泡沫的走廊，仔細端詳死者。在現場報告中，我寫下了這段文字：

「屍體身上傳來強烈的燒焦氣味，全身有大面積燒傷和碳化，特別是上半身的頸部、頭部和手臂。皮膚表層大面積脫落，深層的皮膚因燒傷而呈現類似棕色皮革的乾枯狀。整具屍體上布滿白色粉末狀的滅火物質，身上殘留著被燒焦的衣物，特別是上半身特別嚴重，都被燒熔了（在前胸和肋骨區域還能看見一些淺藍色的羊毛纖維），外衣底下則是貼身的白色汗衫，不過現在已經燒成了焦黑色。」

在法醫工作中，我們很少看到活活被燒死的案例。在一般住宅的火災事故中，大部分罹難者都是死於煙霧中毒，在失去生命跡象後，屍體才被火灼燒並碳化。所以發生在夜晚的火災特別危險，如果一開始沒有引起注意的話，沉睡的人們會在不知不覺中吸入燃燒所產生的有毒氣體，特別是一氧化碳（CO）。這會讓睡著的人失去意識，陷入昏迷，無法及時撤離到安全的地方。在我們的血液中，血紅素是負責運送氧氣的物質，但是一氧化碳會快速和血紅素結合，甚至比氧氣快兩、三百倍，這就是一氧化碳的危險之處。一旦血紅素被一氧化碳「搶走」，人體很快就會陷入窒息狀態，整個過程大概只需要經過幾次呼吸而已。當一氧化碳血紅素達到百分之五十，當事人基本上就沒有生還的機會了，不管他的年齡如何、是否罹患其他疾病。所以面對一氧化碳，我們真的要小心再小心，它是一種非常狡猾的有毒氣體。有太多人都在密閉空間因一氧化碳中毒而身亡，有時候不一定是因為火災，也可能是故障的瓦斯爐或熱水器引起的。又或者是在陽台烤肉的時候，所使用的木炭沒有燃燒完全，之後被帶到室內的廚房放置冷卻，這也很可能會對生命造成立即的威脅。最主要還是因為一氧化碳既看不見、也聞不到、感覺不到。

慢性一氧化碳中毒（如果一氧化碳在一段時間內慢慢擴散到建築物裡）的症狀和流感滿像的，都會讓人噁心想吐、四肢無力、頭痛。所以當事人常常沒有發現自己一氧化碳中毒，或者以為是別的原因引起的不適。有些一氧化碳中毒的死者在生前會吃頭痛藥、煮雞湯來喝或躺上床休息，試圖緩解身體的不舒服，但其實他們只要把窗戶再稍微開大一點，就不至於失去生命了。

早年我還在當救護人員的時候，總是會聽到許多嚴重的一氧化碳中毒意外，有時候連救護人員也會在不了解現場的情況下，吸入過多一氧化碳而中毒。二〇一四年，在漢堡南部發生了一樁大案件，引起許多媒體關注：兩棟相鄰的公寓因為供暖系統故障，造成三人死亡，十三人中毒。在事後的調查過程中，警方發現事發前的幾個小時間，總共有三通醫療求救電話從這兩棟公寓撥出，其中一位是說自己覺得頭暈，另一位是跌倒時撞破了頭，第三位則是身體的循環系統出了問題。當時，這三通電話應該是由不同的接線員所接聽的，所以在第一時間，沒有人把這三個案例聯想在一起。毒氣外洩的狀況其實是偶然被發現的：當天上午，住在這棟公寓裡的一名男子沒有去上班，於是他的同事向消防隊通報。消防人員到達現場後，才發現男子死在家中的走廊，與他同住的室友則是躺在床上，被發現時也已不幸身亡。一般來說，如果在密閉的室內發現沒有受到明顯外傷的屍體，首先都會確認是否為一氧化碳中毒，在這個案件中也一樣。好在當天正好有一位煙囪工人在附近，他用身上的設備替救護人員檢測出現場確實有高濃度的一氧化碳。不過在此期間，已經有三位住戶身亡了（除了上述的兩位，還有一位鄰居死在家中），其他住戶也都嚴重一氧化碳中毒。

所以近幾年來，德國很多大城市的消防隊員和救護隊員值勤時，都必須在皮帶或救護包裡安裝一氧化碳警報器。只要空氣中的一氧化碳超過一定數值，身上的設備就會發出警報。我認為這項措施是很有必要的，否則這些第一線人員執行任務時，很容易在不知情的狀況下進入充滿一氧化碳的房屋中，讓自己的生命也受到威脅。

在所有一氧化碳中毒所造成的悲劇中，或許只有一點是能讓我們略感寬慰的，那就是媒體報導罹難者「死於火災」時，他們通常並不是真的被活活燒死。很多時候，死者根本沒注意到有火災發生就已經失去意識，在沒受太多苦的情況下因一氧化碳而窒息死亡。我們在屍檢時會看到一些「生命」跡象，顯示死者是在生前吸入煙霧的，像是嘴裡有煙塵的痕跡，咽喉、氣管和肺部有煙霧造成的條紋，或是胃裡有煙塵顆粒……等等。除此之外，含有一氧化碳的血液和含有氧氣的血液吸收率不同，所以一氧化碳中毒的死者會呈現出明亮的顏色：屍斑是淺紅色，血液呈櫻桃紅色，肌肉組織不像普通的死者為紅棕色，而是近似鮭魚的顏色。這類死者看起來較為安詳，他們的遺容不太會有痛苦和受折磨的痕跡。

另一方面，從醫學的角度來看，在密閉空間裡活活被燒死是不太可能的。這種情況可能比較會發生在中世紀的女巫狩獵，可憐的受害者被綁在露天的火刑架上，多半是在意識清楚的狀態下遭受灼燒而亡。因為在室外，一氧化碳不會累積到致死濃度，而是消散在空氣中。

而在法醫學方面，基本上可以分為「燒－死」和「死－燒」兩種情況。如果放火的舉動「僅僅是」為了在殺人後掩蓋犯罪的痕跡，那就屬於「死－燒」，這種情況比較常見，雖然犯罪的事實不太可能會因此被掩埋。而「燒－死」就比較少見了，也就是以殺人為目的，在受害者身上放火。在我的職業生涯中，目前也只碰過幾個案例而已。

發生在瑪利恩費德區的案件就是其中之一：死者的死亡過程並不像一氧化碳中毒那樣，因為迅速失去意識而減輕死亡的痛苦。正好相反：因為死者從自宅一路走到樓梯間，在移動的過程中，她的肺部依然能得到充分的氧氣。透過化學毒理檢測可以發現，死者血液中的一氧化碳含量為百分之六，和一氧化碳中毒的致死量還有很大一段距離。除此之外，她的肺部和氣管也沒有多少煙塵；在燒得焦黑的皮膚下，死者的肌肉組織也呈現普通的深棕色。

也就是說，受害者在被燒死的過程中意識清醒，並且經受了劇烈的疼痛。雖然在某些情況下，強烈的疼痛會使人暈厥，但在這個案例中，身體所分泌的腎上腺素和新鮮的氧氣供應可能起到了中和的效果，把受害者的身體循環推向高峰。所以我們可以看到，這位女士甚至有辦法在樓梯間走了好幾層樓，直到最後一個平台才不支倒地。鄰居試圖用毯子撲滅火勢的行動可以說是非常標準的急救步驟，但遺憾的是，受害者的燒傷實在太過嚴重，此時已經回天乏術了。

當我在現場勘查時，發現屍體呈現典型火災受害者的姿勢，也就是所謂的「擊劍姿勢」。她的前臂和小腿緊緊蜷縮在一起，這和人在垂死時可能呈現的蹲伏狀態無關，純粹是生理機能反應。在高溫之下，身體流失大量水分，肌肉收縮，而屈肌的幅度又大於伸肌，才造成這種緊緊蜷縮的狀態。屍體的這種「擊劍姿勢」並不能反映死者是活生生被燒死，還是死後才被焚燒，因為兩種狀況都會讓屍體呈現同樣的姿勢。

在安置這種蜷曲的屍體時，往往會遇上一些困難，因為棺材或塑膠製的屍袋常常裝不下死者。如果我們硬是把蜷曲的腿「扳直」，可能會造成死者腹部撕裂，讓腸子掉出來。由於這類屍體的體內缺乏體液，皮膚也失去原本的彈性，所以才會這麼容易被破壞。

瑪利恩費德區的消防隊還在努力執行任務，我也還在為星期天辛苦的兩場屍檢做心理準備（還記得嗎？刺殺事件的死者也還在等著我），而就在此時，卡洛斯決定向警方自首。他是對自己的罪行感到後悔嗎？還是良心發現呢？看起來都不是。他表現得置身事外，沒有情緒波動，甚至妄稱自己的女友是罪有應得。

幾個月後，此案進入了審理階段，我也有作為證人出席。在法庭上，卡洛斯性格中黑暗的一面也得以呈現在社會大眾面前。警方在調查此案時發現，這位暴力的男子竟然不是第一次試圖燒死女性了。怎麼會有女性願意和這種不可理喻、自戀、卑劣又惡毒的男人在一起，甚至陪伴他多年呢？對我來說，這仍然是個悲傷的謎團。

審理過程中，檢察官表示：在構成謀殺的五個標準中，本案的凶手符合了四項，這在法醫學上和司法上都是很特別的案例。精神鑑定也顯示該男子在行凶過程中是有行為能力的，也就是說他犯案時神智很清醒。專家也認為他今後仍然可能對身邊的女性造成威脅。最終，法院判處他終生監禁，並對其進行預防性羈押。在德國司法系統中，這是最重的刑罰了，考慮到他犯下的罪刑如此殘忍野蠻，我認為這個判決非常正確。

在這個章節裡，我們提到兩位死者，現在讓我們回到一開始的那個案件：在維特瑙區發生的持刀械鬥到底是怎麼回事？警方和法醫都沒有調查出什麼特別的結果，很顯然，這又是一起和毒品交易有關的械鬥：看慣的紛爭與糾纏、看慣的凶器、看慣的受傷模式。但是，誰才是真正該為事件負責的人？他的動機是什麼？他是怎麼刺死被害人的？是自衛還是故意殺人？事情發生的先後順序為何？我們實在無法完全釐清，因為倖存的兩名男子只想盡可能為自己辯護。

8 後車廂裡的女人

十二月三十一號，傍晚六點。

「柏林警局，請問有什麼狀況？」

「你好，我現在在聯邦公路一號，我剛剛出了一場小車禍，因為突然有一輛車朝我撞過來，他在對向車道開得歪七扭八的，簡直像見鬼了一樣！他把我的後照鏡撞斷，然後就加速跑了。我馬上掉頭追上去，然後終於把他攔停了。」

「請問您現在確切位置是哪裡？」

「結果那個人又開走了！真的有夠奇怪，他看起來緊張到不行，一直不想讓我叫警察。

最後他跟我說他的後車廂有他太太的屍體，然後就這樣開走了，往柏林的方向。」

「這是什麼跨年夜惡作劇嗎？」

「不是，我沒有在開玩笑，他真的跟我說他車子後面有一具屍體，他開著一輛大台的廂型車，你們一定要去追他！」

「您有記住他車輛的特徵嗎？」

「有啊，當然有，我看到……」

不久後，兩位警察來到柏林海勒斯多夫區（Hellersdorf）一棟公寓大樓的某戶人家按下門鈴。在得知聯邦公路發生的奇怪事故後，警方想查明那位肇事逃逸的駕駛到底發生什麼事了？他的車裡真的躺著一具屍體嗎？這會是一起犯罪事件嗎？或者這只是一通惡作劇電話而已？調閱了車牌資料後，結果顯示：肇事逃逸的車輛是一台四四方方的灰色日產廂型車，登記在七十六歲的希爾德．克律格女士名下。根據居民登記資料，她和丈夫海因茲就住在海勒斯多夫區的某棟公寓。

但前來應門的卻是他們的女兒，根據女兒的說法，她的父母從好幾年前就搬到捷克居住了，就在國境附近，因為那裡的物價比較便宜，退休生活可以過得更舒適。

「那您的父母目前在哪裡？」

「我爸爸應該很快就到了，他今天會開車過來。請問你們找他有什麼事嗎？」

「之前在聯邦公路上有發生一起事故，我們想和他談談。這是我們的名片，等他到家後請務必讓他跟我們聯繫。」在女兒收下名片後，警察便離開了。

又過了一會兒，警局的電話真的響了起來。

「我是海因茲．克律格，聽說警察要找我。」

「您已經安全開車到海勒斯多夫的公寓了嗎？」

「是的。」

「那請您待在公寓裡，我們馬上過去。」

幾分鐘後，數名警察圍繞在那輛肇事的箱型車旁。

「克律格先生，您太太人呢？」

「那裡，她躺在那邊，在後面。但請你們離開我的車子！」

透過後車廂門上的玻璃，的確可以看到一個人斜斜地躺在放平的後座椅背上，她的頭靠著一顆枕頭，眼睛闔上，長長的灰髮披散在臉龐的兩側。她的身旁放著一塊木板，顯然是為了維持穩定。乍看之下，這位女士彷彿只是睡著了，然而海因茲．克律格向警方供認不諱：他的妻子已經死了。

「今天早上的事，她就跌倒了！我不能把她留在捷克，她應該要下葬在柏林才對。」

警察懷疑地審視這位老人，他說的是實話嗎？根據官方的統計數據和他們自身的經驗判斷，警方懷疑事情的真相可能沒那麼單純。

從聯邦刑事局給出的數字來看，伴侶之間暴力行為的受害者有八成都是女性。在二〇一八年，德國有超過十四萬起犯罪暨犯罪未遂被登記在案，都是發生在伴侶之間。其中有六萬八千五百起蓄意傷害（輕微），約一萬兩千起嚴重傷害和一千六百起剝奪伴侶人身自由的案件。而這些還只是警方有紀錄的數字而已，沒有被攤在陽光下的案例一定更高。同樣以二〇一八年來說，伴侶間的謀殺暨未遂案件共有三百二十四起，其中百分之七十七的受害者為女性。

那麼，我們眼前的這位丈夫是否把妻子打死、毒死、射死或掐死了？不管怎麼說，克律格先生的表現並不是完全沒有嫌疑，因為他一直在自己的車子旁邊跑來跑去、大喊大叫、破口大罵，不願意配合讓警方靠近屍體。這樣的行為對案情一點幫助都沒有，無論如何都必須要讓法醫來檢查屍體才行。

這裡說的法醫就是我啦。當時大約是晚上九點，我原本在位於普倫茨勞貝格（Prenzlauer Berg）的家中舉辦跨年聚會，卻不得不從椅子上跳起來，抓起車鑰匙準備出門。這天，我的朋友中有一對夫妻也來我們家中作客，先生跟我一樣從事醫學工作，是一位創傷外科醫師。我要出門時問他：「你要跟我一起去嗎？」「好啊，沒問題！」他說。對我來說，在接到警察的呼叫後，輕鬆的夜晚就已經結束了，雖然跨年夜還要出門工作，但至少有好朋友陪在我身邊，這讓我略感安慰。

當我們抵達海勒斯多夫時，天空正下著毛毛細雨，柏林冬天的天氣還真是超級棒的。克律格先生的車停在他所住的公寓大樓前面，被街燈所照亮。在現場執行任務的警方十分顯眼，不知不覺間，周圍出現了許多愛看熱鬧的公寓居民，他們從窗口探出頭來，有些人手上還舉著手機。死者的家屬淋著小雨站在汽車附近，分別是克律格夫婦的女兒、女婿和孫子，他們全都顯得驚慌失措，不敢相信外公真的把過世的外婆放進後車廂，穿越國境，一路回到柏林。那可是五百公里的路程啊！這樣偷偷運送屍體究竟是為了什麼？事情的真相到底是如何？克律格先生的孫子應該是第一次看到死去的人，他完全被嚇壞了，隨即接受了急救人員的檢查。

現場處在這種混亂的情況下，讓我完全沒辦法對屍體進行檢查。該怎麼辦呢？難道要我把車子內部照亮、拿走木板、剪開這位女士的衣服，檢查她身上有沒有銳器或鈍性暴力的痕跡嗎？在做這些檢查的時候，我得翻轉她赤裸的身體，確認口腔內、軀幹、手臂和腿部有沒有異常，在親屬在場的情況下，我是絕對不可能這麼做的，這太不合適了。所以當時在現場我只是初步地看了一下，之後在我的報告裡記錄對屍體的第一印象：

「在後車廂載物區發現一名高齡女性的屍體，頭部沒有被遮蓋，身體的其他部位則覆蓋著兩條毯子。對身體進行初步觀測時，發現頭部與頸部有清楚的屍斑，呈現典型的藍紫色；以指尖用力按壓時，會明顯變得蒼白，然後快速恢復原樣。觸摸時可以明顯感覺到屍體的餘溫。在右邊眉毛上面一點的部分發現一道橫向的裂口，為長約一公分的撕裂傷，周圍沒有皮下出血的跡象。即使對傷口施加壓力，也只流出一點點血液。在頭部與頸部其餘部位未發現其他傷口。因綜合條件限制（屍體所在地為公共道路、夜晚光線不足、所處空間不方便）導致無法在現場進行詳細的外部檢查，在與警方協商後，決定由警方將屍體從後車廂移出，送至法醫部門進行更進一步的檢驗。」

當然，在警方運送屍體的途中，我就開車跟在他們後面。只要這位女士的死因尚未獲得釐清，那她的丈夫就背負著不小的嫌疑。因為克律格先生在現場不停鬧事，妨礙警員們的工作，所以暫時被帶往警局拘留。在我們對死因有更進一步的了解之前，他可能要在這裡度過跨年的夜晚了。

排除了群眾的干擾，在法醫工作室明亮的燈光下，我開始慢慢檢查屍體的狀態。目前還不到進行解剖的階段，只是先做外部的檢查，等之後同事也在場才會兩人一起開始解剖工作。屍體的外觀沒什麼異常，不過可以看出這位女士的生活方式並沒有特別注重健康或衛生。在她眉毛上方的裂口可以說是典型的「帽沿傷口」，這種傷口會出現在不受控制往前摔倒、撞到地面的情況，可能是當事人突然陷入昏迷狀態，所以才會連手臂都沒有反射性地支撐身體，或是伸出來作為緩衝。如果一個人的頭部出現這種「帽沿傷口」，通常真的是跌倒撞到地面所造成的；但如果傷口在帽沿部位以上的話，就不太可能是單純的跌倒了。當警方看到這樣的傷口，便會開始懷疑當事人根本不是跌倒，而是遭受了暴力攻擊才導致受傷。

雖然從外面看不出來，不過死者頭部的傷口內部有出血，也擴散到周邊的組織，形成一塊瘀血——這些跡象都表示這個傷口是死後才造成的。也許這位女士突然病發，導致心臟驟停，然後在倒地時撞出了這個傷口；也有可能是丈夫在試著將屍體搬運到車內的過程中撞出來的。在克律格先生出發前，他決定要用一種「有尊嚴」的方式來安置妻子的屍體，於是用一條圍巾鬆鬆地將她的兩個手腕綁在一起，雙手交疊在身前，看起來就像是在祈禱一般。

在檢查的過程中，我沒有發現任何家暴的跡象，更不要說是謀殺了。

「總而言之，丈夫的說法是有一定的可信度，不過為了更進一步釐清事實，建議對屍體進行解剖，以完善偵調過程。」

我對著工作用的錄音設備說道。此時已經是晚上十點半，在將這份紀錄交給警方後，他們馬上將克律格先生釋放了，在新的一年到來之前，他就恢復了自由之身。

然而在此期間，克律格先生的精神狀態似乎很不穩定，所以警方向他的家屬建議：為了安全起見，最好趕快帶他到精神科或診所做檢查。因為他被拘留在警局時陷入了嚴重的狂躁狀態，一直用頭去撞牆，而且力道非常猛烈。這晚他所經歷的事件實在過於超現實：先是非法轉移了屍體，在傍晚駕車時又發生了小型事故，最後被警察逮捕。很顯然，過多的刺激已經讓這位老先生完全脫離了正常狀態。不過這部分我當下就沒有繼續參與了，因為在檢查完屍體後我就「歡慶下班」了，畢竟這可是跨年夜啊！我和朋友在凌晨十二點前回到了我家，還來得及和我們的家人一起舉杯慶祝：新年快樂！

我的工作每天都要面對死亡、悲傷和命運的打擊，然而與此同時，我們所處的當下和未來依然有值得高興的事情發生。像我這樣快速在兩者之間切換，會讓你覺得不太恰當嗎？有些人的確會認為這樣很不尊重、不得體，但我有不同的看法。正因為我們每天都深刻體會到生命的無常，也正因為我們遇到這麼多的痛苦、折磨、暴力，才讓我在生活中的大部分時間都感到踏實而幸福。我對風平浪靜的日子充滿感恩，感恩自己所愛的人都過得健康快樂；目前為止的人生對我來說很美好，沒有什麼憂愁，對此我亦心懷感謝。這種態度也反映在我的日常生活中：我很少為小事而生氣，也不太會陷入陰鬱的情緒。其實我們可以這樣想：死亡對每個人而言都是不可避免的，但難道因為這樣，我們就沒有理由歡度生命了嗎？

兩天後，也就是新年的第一個工作日，死去的希爾德・克律格再次躺在我的解剖台上，檢察官採納了我的建議，決定要求法醫部門進行屍檢。死者的女兒認為爸爸的說法是可信的，也就是妻子覺得身體不舒服，丈夫想開車帶她去醫院，但還沒到達時妻子就已經沒有生命跡象了。不管怎麼說，克律格太太的死並沒有讓家人覺得太驚訝，畢竟她的身體狀況本來就不是很好，不但體重過重，還患有嚴重的肺部疾病，已經在醫院治療多年了。

在克律格夫妻的婚姻中，希爾德是主要發號施令的人，而在她過世之後，丈夫海因茲顯得非常沒有安全感。不安的他甚至無法撥打報警電話，把太太的死訊告訴捷克警方，並申請開立死亡證明。在一般的情況下，他應該先和當地的殯葬業者聯絡；如果想將遺體送回德國的話，因為都是在歐盟境內，所以要聯絡德國大使館尋求幫助。在國外身故的公民當然可以被送回德國安葬，但需要辦理滿多手續的，也必須付出時間和金錢。克律格先生多半是認為自己沒辦法獨自面對這些挑戰，他希望在回到柏林後，自己的女兒能接下這個擔子，將所有需要處理的手續都辦好。於是他很臨時地決定：把屍體搬上車（因為他徒手搬不動八十公斤重的人體，所以使用了手推車），然後用最快的速度開回柏林。從警局被釋放後，克律格先生和女兒詳細解釋了自己這麼做的原因，然後再由女兒將內容轉述給警方。

在第一次抵達現場、看到屍體時，我就覺得克律格先生的說法滿可信的，因為這些細節不太能憑空編造出來。況且在跨年那天晚上，這位老先生看起來一點也不像是冷血的騙子，其實正好相反，他顯得真情流露。不過他的這些說詞經得起醫學的檢驗嗎？檢察機關還是希望我們能協助釐清屍體的狀況。

於是在新年的第一個工作日，我一大早就開著「紅男爵」來到法醫部門。剛把車停好，就看見一位老人站在門口，朝我的方向走過來，一面四處張望，好像在尋找什麼東西。這不就是……難道他是在等我嗎？自我在跨年夜見到克律格先生以來，他似乎都沒怎麼睡覺，看上去憔悴不堪，眼中充滿恐慌和害怕。他在我們工作的這棟建築前站多久了？如果我要進門的話，就一定得經過他旁邊，所以我只好也朝他走去。當他發現我的時候，立即衝了上來：

「醫生大人，醫生大人！您不能把我太太切開啊！」

「不好意思……」

「不要啊，拜託，請您不要這樣！」

「克律格先生，這是我的工作，要解剖誰或不解剖誰不是我能決定的。」

我用和緩平靜的聲音說道。此刻我對這位老先生的遭遇真的感到很遺憾，他的神智完全不清醒，瀕臨崩潰的邊緣，就算不是專業的精神科醫生也看得出來。我試著讓他冷靜下來：

「之後把夫人的遺體還給您時，我保證會是良好的狀態，您幾乎看不出來我們已經做完檢查了。」

「不行，您不能這樣！我真的很愛很愛她！」

「克律格先生，我真的很遺憾，但我沒辦法幫您。您應該去跟檢察官說……」

我不經意間流露的同情似乎喚起了克律格先生心中的一絲希望，讓他覺得我可能會改變心意：

「醫生大人，我給您錢！我有錢，我有兩千歐元，這裡，我馬上就給您！」

他在髒褲子的口袋慌忙翻找。

「我不想拿你的錢，克律格先生……」

「那狗呢？請您收下我的狗吧，拜託！那是我太太的寶貝啊，她很愛這隻狗。現在她不在了，我該怎麼照顧牠？我沒辦法！拜託，我把錢和狗都給您！」

不管他怎麼說，我都不斷搖頭拒絕，但還是花了滿多時間才擺脫這位剛喪偶的老先生。

最後，他終於離開了，不過是朝著檢察官辦公室的方向。很顯然，那裡的職員對他就沒那麼客氣了，他們拒絕取消已經安排好的屍檢，結果克律格先生又開始到處鬧事了。

不過這些情況我在幾天後才得知。而在這幾天，克律格先生還是不斷試圖打電話給我，想把他的錢和狗塞到我的手中。我後來都拜託祕書室幫忙擋掉了，畢竟我實在幫不上他的忙。這位老先生確實正陷入巨大的人生危機之中，但我不是心靈導師或心理治療師，不是在這種時候能夠支撐他的人。

像是克律格先生這樣的情況，其實也算是我們的工作的一部分：身為法醫，我們有時會處在比較醒目的位置，家屬和嫌疑人不需要花什麼工夫就能找到我們。只要上網Google，不出三秒就能查到我們部門的地址。所以我的居民登記資料上有官方的「封鎖備註」：如果有人試圖打聽我的私人住址，是不會得到任何資訊的；與此同時，我會馬上收到一則通知。所有法醫都可以申請這種「封鎖備註」，我的一些同事們也有在用。畢竟，我們經常作為證人出席庭審，幾乎每個禮拜都會跟一些凶神惡煞的人打照面。

有時候我們會在審理飆車族或幫派案件時出庭作證，這些案件往往都是有組織的犯罪，或是涉及嚴重的暴行。在庭審過程中，警方特別行動隊（SEK）的隊員通常會匿名出席，他們作證時不需要報上自己的名字，有時候甚至會戴上面罩掩飾面容。但我們法醫則不同：我們都是直接站在法庭上，而且必須報出自己的全名。在作證時，我的專業意見常常會影響被告的判決，例如：被告的罪名是否能夠協商？可以協商到什麼程度？我也常常提交證物照片或屍檢報告來支持檢方的論述，或是反駁辯方提出的觀點。總而言之，在「犯罪界」，法醫應該是不怎麼受歡迎的人物。

到目前為止，我的人身安全還沒有直接受過威脅，不過我曾經看到同事被一心想報仇的凶手口頭攻擊。好幾年前有個被定罪的殺人犯，剛從監獄被放出來後不久，警方就發現他死在自己家中，之後我們確定他的死因是中風。警察們在他家找到一本筆記本，上面記錄了許多人的私人住址，有法官、法醫……全都是當年參與他審判的人！很顯然，這個人打算對他們做些什麼，而且一定不是什麼好事。

在克律格案中，我也被精神狀態明顯不佳的老先生窮追猛打，不過我並不覺得自己的安全有受到威脅，只是覺得很煩。但是在這麼想的同時，我也為克律格先生感到很難過。也許是因為我們一月二號早上有面對面談話，而且我當時對他表示關懷的緣故，他雖然對警察和檢察官都不怎麼友善，但對我倒是十分親切。

另外，我的屍檢結果最終也為克律格先生洗脫了謀殺妻子的嫌疑：

「心肌剖面呈現均勻的褐色，在心臟前壁、心室壁和瓣膜肌肉的區域可以看到呈現白色斑點狀的結締組織。在瓣膜肌肉的尖端和心臟前壁有一些紅色（出血）區域擴散凹陷，其中有幾處的周遭為棕黃色的肌肉組織：心肌梗塞復發。」

用一般的說法就是：這名女性的心臟從很久以前就出問題了，我們可以從心肌上小小的舊疤痕看出先前受損的痕跡。在心臟瓣膜肌肉上發現新的出血痕跡，這是心肌梗塞的證據，也是死亡原因。這些出血是因為氧氣不足而產生的，例如：冠狀動脈堵塞或心律不整。結論：該名女性為自然死亡。

至於她丈夫所犯下的罪行呢？他原本應該為「非法使用未經允許車輛運送屍體跨越國境」的罪行負責，不過最後沒有被起訴。負責本案的檢察官沒有做出進一步的說明便停止追究了（雖然克律格先生的確犯了法），這也算是一種司法上的權衡。畢竟老先生的精神狀況已經出了問題，而且妻子的過世和這一連串事件，對他來說已經是足夠嚴厲的懲罰了。

9 私刑正義

有時候發生在兩個人之間的事，沒辦法只用「凶手」和「被害人」這兩個概念確切描述；有時候很難說是誰有罪、為什麼有罪？應該得到什麼樣的懲罰？每當遇到類似的情況，我都會很慶幸自己的角色是法醫，而不是需要做出判決的法官。

接下來的故事發生在一棟老舊的公寓大廈，有看過犯罪小說或影集的人一定都對這種環境不陌生。跟電視上所看到的一樣，這是個非常單調沉悶的環境。故事的主角大衛・T出生在「艱難的環境」下（媒體在描述這類案件的時候很喜歡用這種說法）：他是家中的長子，底下還有好幾個兄弟姊妹。大衛還在上小學的時候，父母就離婚了，因為他的媽媽有酗酒問題，所以他先是在福利院待了兩年，然後又在寄養家庭住了一段時間，最後才回到爸爸身邊生活。在他們分開的這段期間，大衛的爸爸已經有新的伴侶，而這一家人所生活的環境，說得客氣一點，不是最適合小孩成長的環境。這是個破舊的住宅區，附近有冷清的商圈，最常上演的光景是破壞公物、暴力、酒精與失業。住在這裡的大多數家庭都看不到生活的希望。

大衛是個有著深色頭髮的強壯男孩，當時正在綜合學校就讀八年級⓬，在課餘時間他會去送報紙，賺點零用錢。但他的心理狀況有時並不怎麼好，已經有過兩次和警察打交道的經驗了。一次是因為在牆上噴漆，另一次則是在雜貨店裡偷了個小東西。因為情節都不算特別重大，所以兩次都沒有被起訴。大衛的朋友和老師在事後表示，他基本上就是個冷靜、有想法的男孩。

但現在，這位十五歲的學生卻因為謀殺罪名站在法庭接受審判。究竟發生了什麼事？

大衛家附近住著一名叫伯恩特．B的男子，他當時六十三歲，曾因多項兒童性虐待罪名而被判入獄，犯罪對象主要是十一到十五歲的男孩。他在哥廷根（Göttingen）服刑數年後搬到柏林居住，因為留有案底，所以仍然處於「監視管束」之下。也就是說，政府人員會定期走訪他家，並監控他的生活環境。除此之外，他還收到警方所謂的「危害宣告」，這是一種明確的口頭警告，要他遠離兒童和青少年。但問題是伯恩特．B從兒童時期開始就因為腦部損傷而有智能障礙，醫生判定他的狀況為「輕度智障」，因為他無法理解複雜的事物關係，也常常聽不懂警察對他所說的話。與警方的交流對他而言似乎太過困難，而且與此同時，他的住處也逐漸變得髒亂，為此政府還特地派了一名監護員給他。話又說回來，伯恩特．B也有擅長的事情：他會把音樂放得很大聲，靠在打開的窗戶旁和孩子們聊天。附近的人都知道這裡有個禿頭男子，牙齒之間有著黑洞洞的縫隙，也知道他以前幹的「好事」和他可能會做出的行為。雖然他從沒對未成年的受害者使用過暴力，強迫他們和自己發生性關係，但伯恩特總有其他辦法能讓小孩和青少年聽話，進而讓自己得逞。有時候伯恩特會給他們錢、酒和香菸，或者讓他們玩自己的遊戲機；又或者他會邀孩子們一起看色情影片，然後脫掉衣服，自顧自地手淫起來，無視男孩們的意願觸摸他們的身體。有些受害者當下並未反抗，只是任其發生，事後又因為羞恥而沒有選擇告訴其他人。我對這種情況其實並沒有感到太驚訝，在先前曾經參加過的一些庭審中，我了解到：這些兒童性犯罪者在「選擇」受害者方面是很有針對性的，他們只會接近自己選擇的對象，而且清楚知道這個孩子會被什麼東西誘惑，並確信他在事情發生後會選擇沉默。伯恩特．B似乎也擁有這種「第六感」，而這一區又有很多青少年寧願和一個邋遢的兒童性犯罪者一起待在髒亂的小屋，也不願意待在家裡。一位記者事後在他的報導中諷刺地寫道：因為這個地區沒有青年活動中心，所以伯恩特的家顯然就成了「替代品」。

其實，附近的鄰居並沒有對此視而不見，當伯恩特在他位於一樓的房間和未成年孩子們大聲「開趴」時，警方總是會接到通知並趕到現場。伯恩特家裡有人時，他常常把門從裡面鎖住，再拉下百葉窗，所以人們根本不知道裡面發生了什麼。因此，警方多次懷疑他在柏林也依然繼續對兒童犯罪。為此檢察官提出了兩次刑事訴訟，但都沒能成功將伯恩特定罪。第一次是因為幾位年輕的證人不願意在法庭上重複他們在初次聽證會中做出的證詞，另一次則是證詞出現了矛盾。伯恩特．B本人則是否認一切指控，這似乎是他唯一會的辯護策略，而到目前為止，他也都僥倖逃過一劫。

就這樣，時間來到了九月一日，某個星期四的下午。大衛．T剛剛來到了伯恩特．B的公寓，這對後者而言可是個驚喜。伯恩特再次由內鎖上了房門，並調整百葉窗，讓室內變得昏暗。大衛之前就和伯恩特認識，在夏天時，他有和幾位朋友一起來伯恩特家「慶祝」幾次，但自己一個人來還是頭一遭。在接下來的幾分鐘內，事情並沒有朝著戀童癖所期待的方向發展，而是爆發了爭執。大衛很生氣，陷入了震怒，他從廚房隨手抓起一把刀朝伯恩特．

B捅去，一次刺在頸部，另一次則是在腹部。但他很快就發現，自己手上的武器幾乎沒什麼效果，這把刀太鈍、也太不穩定了。大衛的目光在廚房裡來回搜尋，最終，他發現了另一把刀，看起來更大、更重；他舉起這把新武器，然後……

「初步的檢驗結果：皮膚有一處長約兩公分、寬約〇．五公分的切口，略低於右鎖骨內側三分之一的下方，與腳底的距離約一百二十五公分。傷口形狀歪斜，從受傷處可以探查到胸骨內側（此為一號刺傷）。當傷口開始變乾燥時，邊緣顯得相當平滑，也可看出傷口上半部的角度頗為銳利，下半部的角度則比較鈍。皮膚表層沒有出現氣體的劈啪聲。」

案發後的隔天，我在屍檢報告裡記錄了以上的資訊。伯恩特．B胸前的傷口大約五公分深，直刺到胸骨，傷到了他的肺部，有張力性氣胸的情形發生。不過第一個傷口並沒有要了伯恩特的命，他在被攻擊後試圖逃跑，穿過房間，朝著窗戶的方向跑去，並打開百葉窗。大衛則緊隨其後，在刺下第二刀時，伯恩特是背對著他的。

「二號刺傷一直延伸到左後肺葉的上半部。在肺部表面發現兩個平滑的切口，兩者皆約一公分寬，傷口周圍呈現藍色。上方的刺傷切入肺部組織約五公分深，下方的刺傷則僅有一公分的深度。另外，在下行主動脈部分也有發現一個邊緣平滑、長約〇・五公分的切口，周圍呈現明顯的青紅色。以解剖學來說，這處切口也可以被歸類為二號刺傷。二號刺傷總長為七公分。」

雖然第二處刺傷很深，但伯恩特・B當時還活著，一邊求饒一邊逃命。他甚至試圖將自己的行為合理化：「你明明也想要的！」但是大衛並沒有停手，而是想把自己發起的這場攻擊做個了結。他狠狠地刺了第三下：

「三號刺傷位於左肩胛骨內緣的下方，從第七和第八根肋骨間刺入胸腔。（……）這個傷口延伸到左後肺葉的下半部，可以在肺部表面發現一處長約一公分、邊緣平滑的傷口。三號刺傷切入肺部組織約五公分深，傷口總深度為七公分。」

最終，伯恩特．B從尚未打開的一樓窗戶直接跳了出去。也許他是跌出去的？玻璃被撞碎了一地，而他隨即跌落，所以當我檢查屍體時，在他的手臂和腿部發現了許多細小的切割傷。這名瀕死的男子躺在未經修剪的草皮上，天空中飄著毛毛細雨。少年手中的刀掉落在地，他從大門走出了房間，卻並沒有試著逃跑或掩蓋罪行，而是爬上階梯，待在樓梯間。警察在半小時後找到他，他的衣服和雙手沾滿血跡。面對眼前的警員，大衛說：「是我做的，你們現在要逮捕我了嗎？」

接近傍晚的時候，我也到了案發現場。死者正躺在房門口的消防擔架上，為了做初步的檢查，我們將他搬到了樓梯間。屍體身上的刀傷很明顯，顯示這是一起凶殺案，所以明天早上應該就得立即進行解剖。確認完屍體在案發現場的狀態後，我隨後來到警局，也檢查了被逮捕的年輕人──他現在成為凶手了。大衛右手食指有一道剛形成的切口：「這是被刀劃到的。」他坦言。這也是很典型的傷口，在拿刀用力刺擊時，我們的手很容易不小心從刀柄滑到刀刃，把自己也弄傷。

就法醫學的角度而言，這起案件對我和我的同事而言並不算是什麼大挑戰。按照慣例，我們一層一層地檢驗屍體，從皮下脂肪組織、肌肉組織再到骨骼系統，這樣就可以確認刀具穿刺的路徑。發現受傷的器官後，我們會把它放在一個藍色盤子上，再由邦立刑事局的鑑識科同事拍攝高解析度的照片。血管的部分我們則會「就地」處理，也就是在它們原本所在的位置進行檢驗。只有在我們釐清受傷的部位後，才會移除血管。每項跡證都會經過精密的測量與記錄。在解剖結束後，我們得到了確切的結論：凶手的第二次攻擊刺中了主動脈，這條血管大約有拇指那麼粗，從心臟出發，途經胸部和腹部，最後延伸到腿部，呈現弧形分布。死亡原因：內出血。我們在左側胸腔測量到一．五公升的出血量，除此之外，被刺中兩次的肺部也已經坍塌。在伯恩特．B的上半身被刺了三刀後，全世界最厲害的急救醫生也幫不了他了，這是我的結論。但如果他只被刺中第一刀的話，也許還能夠得救？

事實上，整個殺人過程的確持續了一段時間，被逮捕的大衛．T也承認了這點。他本來可以停止攻擊並尋求幫助，但卻沒有這麼做，而是進行了第二次、第三次攻擊。因此，檢察官以「謀殺」罪名起訴了他。然而，我們真的能夠把這起凶殺案中所有罪責都歸到這名十五歲學生的頭上嗎？他真的是個冷血的復仇者，追尋自己的私刑正義嗎？那天到底發生了什麼，才會讓他陷入狂怒？

在社交媒體上，有很多人稱大衛為英雄，他也收到了許多人的祝福。這些人稱：他是位勇敢的受害者，起身反抗了對他施虐的人，最終打倒了一名前科累累的兒童性侵犯。但是大衛顯然不願意接受外界給予他的這個角色，他陷入了自我懷疑，不斷責備自己。在我為他進行醫學檢查時，我們曾經短暫碰過一次面，那時的大衛顯得非常不安、瀕臨崩潰、慌張而飽受驚嚇。我所看到的他是個無助的青少年，還沒完全反應過來自己做了什麼，並默默忍受著眼前發生的一切。

本案的審判引來許多媒體關注，在此期間，有更多令人不安的細節浮出了水面。大衛終於要說出七月時他和朋友在伯恩特．B的公寓裡遇到了什麼事。當時有一位證人在虐待發生後來到伯恩特的住宅，並立即向警方報案，但在場的大衛只是避重就輕地向警方描述案情。他聲稱，伯恩特沒有做出更進一步的行為，最多只是把手放在一個男孩的膝蓋上而已。他們已經是青少年了，面對這樣的接觸，總是知道該如何反抗的。這個男孩當時之所以做出這樣的證言，很可能是為了自我保護。總之，就目前所發現的證據來看，這起發生在夏天的事件絕對沒有那麼單純。伯恩特．B究竟對他做了什麼？大衛並沒有公開說明，因為這場審判是不對民眾開放的。

在遭受性虐待後，男孩強迫自己忘記那個昏暗房間內發生的所有事，把所有細節都壓抑在某個見不得光的記憶角落。直到九月的那一天，也就是伯恩特．B死去的那天，一切回憶又如潮水般湧來。大衛當時正坐在放學回家的公車上，在街道的另一邊，他看見不修邊幅的伯恩特．B站在超市前，手上提著購物袋。大衛的腦袋就這樣「嗡」地一聲，那天被虐待場景突然又在自己眼前播放。

為什麼這傢伙還能在外面跑來跑去？

為什麼他還能繼續對男孩動手動腳？

為什麼至今沒人將他移送法辦？

在下一個公車站，大衛下車了，他跟在伯恩特．B的身後。

身為法醫，有時候也會參與性虐待案件的審判，不過我個人對這類型的案件並不是很熱衷。因為兇手往往不是靜靜躺在我們的冷藏櫃，而是活生生地坐在被告席上，旁邊通常還會站一個討人厭的律師，為了讓客戶脫罪而不惜動用一切法律手段。

有一次，我參加了一個財經顧問的案子，這個人從好幾年前就因猥褻男童而聲名狼藉，他和一群狐朋狗黨總是聚在一起，集體犯案。這些人甚至為此另外租了一間公寓，以便能在不受干擾的情況下對兒童進行性虐待。他們的目標兒童一樣經過挑選，來自特定的環境，凶手利用錢和一系列的威脅利誘來震懾被害人，並藉此封住他們的口。其中一名凶嫌的審判已經（非常迅速地）結束了，他承認自己的罪行，被判處了相當長的刑期；但是那位「聰明」的財經顧問顯然覺得憑藉大量的金錢和機智的律師可以讓庭審過程無限延期，藉此來逃避罪責。他不斷提出協商，拖了超過一百天！其實根據其犯行的嚴重性，等著這位財經顧問的顯然是長期的監禁和隨之而來的預防性羈押，隨著判決的逼近，這位被告決定要「生病」。該生什麼病才好呢？背嗎？膝蓋出問題嗎？高血壓嗎？他把自己描述成一個有嚴重慢性病的人，看起來似乎是德國的司法制度損害了他的健康。對此，法院勢必得做出回應。雖然他的罪行沒有絲毫轉圜餘地，但是被告已經拒絕接受好幾位醫學專家的判斷了，於是接下來輪到我出場。

這個案件實際上發生在好幾年前，當年我還只是個年輕的助理醫師，但是在急救方面已經累積了不少經驗。想來硬的？如果有必要的話，我完全沒問題。我很快就和這名財經顧問及其律師攤牌：他們的小花招根本說服不了我，而且我也不容許自己的專業能力受到質疑：「如果您也讀了六年醫學院，然後跟我一樣拿到博士學位，那我倒是很樂意平起平坐地跟您討論醫學方面的問題。如果沒有的話，那就是我說了算，這樣聽懂沒？」

法院一次又一次地傳喚我，因為被告一次又一次地聲稱自己有慢性疾病。雖然這是事實，但這些病症並不是急性，基本上也不會威脅到他的生命或限制他的行為能力。於是被告開始亂來：他聲稱自己「膽囊疼痛」而縮成一團，坐在輪椅上讓其他人把他推進法庭，還一口氣把所有開給他的藥都吃了。即便如此，在我對他進行了幾次檢查後，還是證實了他至少有部分行為能力。有一次我甚至直接請救護車把他送去醫院，這樣法官也可以得到白紙黑字的判斷：這個人的身體到底有沒有問題。他因此氣到在救護車上尿尿。

如果要說被告和律師放出的這些煙霧彈究竟有什麼作用，最終也只是推遲了他在服刑前最後的收押時間而已。事實上，這位財經顧問寧願被拘留久一點，因為在此期間他不會和其他囚犯有所接觸。在監獄裡，情況則會完全不同：囚犯們對兒童性犯罪者總是不怎麼友善。我想，這位犯人心裡一定也很清楚這點，才會用盡手段來脫罪。

不過這個鬼打牆某天突然結束了，為什麼？因為曾經非常富有的被告顯然已經把錢花光了。一夕之間，所有人都對此案失去了興趣，決定快速完成審理。我當時真的被嚇了一跳，也許我那時還太天真了吧。這些來來回回的過程花了那麼多納稅人的錢，有那麼多人被這個男人耍得團團轉，任由他睜眼說瞎話，他明明有計畫地對孩子們做了最糟糕的事，而且持續了數十年之久，卻仍然有專業的辯護律師、心理學家和醫生願意做出申請、診斷和證明，讓庭審的過程一再延長，只因為每位專家證人在自己的領域都有自由裁定的空間。這到底是為了什麼？因為這樣做就有錢拿？不過是一場荒唐的鬧劇罷了。用這些手段拖延審判過程不但是浪費時間，還是對受害者的一種嘲弄。如果我也參與在其中的話，每天早上起床刷牙時，我一定會沒辦法面對鏡子裡的自己。

值得慶幸的是，我是在未成年受害者出庭作證的部分已經結束後，才參與這場審判的。不過在其他兒童性虐待案中，我偶爾必須和警察一起觀看影像證據，並做出專業的評估，判斷受傷模式是否和特定的犯行吻合。我沒辦法描述看著這些畫面、凝視影片中的被害人受苦是什麼感覺，但我必須對負責偵調此類案件的人員致上最高的敬意，有了他們的努力，才能將凶手繩之以法。

儘管我個人對被害者充滿同情，對加害者則是感到不齒，但是當我站在法庭上，還是必須儘量維持專業而中立的角色。有時候這真的很困難，不過先入為主或有偏見的法醫對受害者來說並沒有幫助，反而更容易被辯護律師攻擊。當然，在正式判決下達之前，無罪推定原則也適用於這些兒童性虐待案的嫌疑人。

讓我們回到大衛的案子。在九月的一個普通上學日，這位十五歲的少年臨時起意，拿刀殺害了一個人。法官在審判中沒有採納檢察官的論點，少年最終不是因為謀殺，而是「只」因過失殺人被判刑。法官認為，他的行為主要是基於激烈的情緒，而不是精心策劃好幾個月的結果。我們在屍檢過程中發現幾種不同的菜刀刀痕也證明了這點。雖然大衛在夏天遭遇性犯罪後，沒有第一時間向警方報案，反而是想隱瞞這個事實，但誰又能去責怪受害者呢？

最終，判決結果出爐：三年有期徒刑。對做案時年齡為十五歲的青少年而言，這算是相當高的刑期了。不過，法官的這項決定也有他的道理：大衛．T並不是在幸福快樂的環境下長大的，這對他來說也可能是個擺脫目前環境的機會。在服刑期間，他也許能夠完成學業或者進行學徒培訓。他也應該接受心理諮商和輔導，好讓他能面對過去發生的種種不幸。德國的青少年法規中制定了很多幫助與支持的措施，目的是讓少年罪犯得以重新健康地回到社會。我非常希望這個男孩能夠利用這些幫助。

我不知道大衛．T是否已經重新開始了他的人生，也不知道他現在過得如何。雖然在案件審理過程中，我會得知加害者與受害者的完整姓名，但我在屍檢完成、庭審結束後，絕對不會去查他們的後續發展；我不會Google他們的名字，也不會在社群媒體上追蹤他們的痕跡，不管是Facebook、Instagram或其他社交軟體，我都會跟這些事件保持距離。也許這也是一種自我保護的方式：在屍檢完成、庭審結束，一切塵埃落定後，我會試著在心中放下這些人，將他們的命運留在文件裡，並整理歸檔。我的爺爺曾經是布萊梅（Bremen）的消防隊員，他總是說：「我傍晚下班後，就把這些事和消防夾克一起掛在置物櫃裡了。」要不然，我們很可能無法面對這一切。

最後，我想提及一個細節：伯恩特．B曾經生活在公寓的一戶住宅內，並在那裡迎來他生命的盡頭。在他的房門口，沒有人為他點蠟燭，沒有花束、沒有卡片，找不到任何哀悼的痕跡。我想，這裡的居民們都同意：我們一點也不懷念這位鄰居。

⓬譯註：德國學制與台灣不同，這裡保留了原文的用法。

10 礫石湖

在法醫學上，水中的屍體屬於「季節性業務」，抱歉我得用這種失禮的方式來表達。簡單來說，在秋季、冬季因某些原因而沉入水裡的人，大多都要等到四、五月才會被發現，也就是在天氣回暖之後。

不管是凶殺案的受害者、輕生者或意外溺水者都適用於這條原則。在腐敗過程中，細菌會產生氣體，進而讓屍體隨著時間形成浮力；冰冷的水會延緩這個過程，而溫熱的水則會加速。等到累積了足夠的氣體後（此時屍體會隨之膨脹，就像充了氣的氣球一樣），屍體就會連同衣物一起往上浮。如果說真的有一種情況能讓沉入水中的屍體從此消失，那大概就是充滿氣體的腸子和腹部因某種原因破裂，比如被船隻的螺旋槳劃破，才沒有浮上水面。不過要讓屍體永遠沉沒幾乎是不可能的，就算用皮帶和磚塊綁在脖子上也沒有幫助。

水中的屍體對法醫來說，往往是嗅覺的一大挑戰，能與之抗衡的可能還有胃部內容物（我們通常會用容器收集起來，這是例行公事的一部分）。即使身為專業人士，有時候還是會因為活人身上的氣味感到作嘔，在死者身上也沒什麼不同。說真的，我其實沒那麼敏感，但是水中屍體有種混合了藻類、魚味和腐爛物質的氣味，我只能說，這絕對不是我最喜歡的味道之一。

幾年前還曾經發生過一起令人啼笑皆非的意外。正如我先前說過的，我們所工作的解剖室都裝有空調和抽風機，所檢驗的屍體通常也都會經過徹底冷藏，所以大部分同事都不覺得死者身上有什麼特別強烈的氣味，只有少部分同事會戴口罩。不過，如果身處這棟建築物的屋頂，情況可謂是天差地別：來自各個抽風系統的空氣未經過濾就會被排放到這裡。某天，一群工人來到屋頂工作，他們要重新上一層防水塗料，當時正值盛夏。很顯然沒有人告訴他們這棟建築物是在做什麼的，結果沒過多久，就有一個學徒直接在屋頂上吐了出來。

雖然我的鼻子經常要面臨各種挑戰，但我卻不願意在工作中遮掩鼻子來逃避氣味，因為嗅覺也是屍檢的重要工具之一。舉例來說，如果在打開體腔的過程中聞到水果般的香氣，就是當事人酗酒的徵兆；如果有腎功能衰竭的情況，身體就會有股明顯的尿味，聞起來和尿毒症很類似。

不過，屍體有時也會散發出截然不同的氣味。

「在這裡，我聞到了！」我的聲音突兀而亢奮地響了起來，眼前所面對的情形和日常相去甚遠。我所聞到的是燒焦味、碳味、明顯的汽油味，以及不容忽視的腐爛味道——來自屍體。我們在找的失蹤女性一定就在附近，我的目光在這個大坑洞裡來回搜尋，這是六名警察花了半小時努力挖出來的。他們辛苦掘開位於柏林的這塊土地，不過我們目前還沒有任何發現，只看到沙子、泥土、石頭、碎片。可是那股刺鼻的氣味毫無疑問是從這裡傳出來的。

這是二〇一五年的十二月底，一個非常寒冷的冬日午後。五十一歲的瑪莉安娜．F已經失蹤超過三個月了，期間沒有發現關於她的任何蹤跡。她死了嗎？會不會被埋在柏林礫石湖的岸邊某處？我們已經站在寒風中瑟瑟發抖了好一會兒了，附近是廢棄的戲水區、乾枯的蘆葦和狹窄的步道，只有寥寥數位來散步的民眾，會在目光交會時彼此點頭示意。我們繼續在傾斜的岸邊小心挖掘，直到第一片衣物殘骸和頭蓋骨的弧線出現在視線內，才停下手邊的動作。現在該怎麼辦？我們沒辦法在不損害遺體的情況下（不管遺體還剩下多少部位）繼續用鏟子挖掘，黏黏的土壤很難抖落，貿然行事的話很可能會破壞潛在的痕跡與物證。我的鼻子沒有騙我，屍體確實就在這，但下一步的行動需要經過仔細規劃。身為法醫，我雖然有挖掘屍體的經驗，但通常是在檢察官的安排下進行的。一般來說會由幾位專業人士組成一個小團隊，在凌晨兩點到五點間到墓園進行作業，選在這個時間是為了不驚擾大部分市民。不過像現在這樣光天化日之下，在野外的大洞挖掘屍體，是非常少見的。

讓我們回顧一下：二〇一五年秋天，有成千上萬名難民連夜來到德國，全國上下都忙成一團：「歡迎難民！」義工們聚集在各個火車站，為來自敘利亞、阿富汗等地的難民提供食物和衣服，也會贈送玩具給兒童，很多學校的體育館都暫時被當成緊急收容所。我們法醫部門也有近距離感受到這股人潮，因為柏林衛生福利部幾乎就位在我們這棟樓的旁邊，而難民們需要在此登記身分。對寧靜的莫阿比特區（Moabit）來說，這是個與往日截然不同的全新狀況。

不過這股熱潮和瑪莉安娜．F的生活沒什麼關係，當時她已經提前開始過起退休生活，就住在柏林市中心的一棟樸素公寓裡，看似身處社會變動的中心，不過瑪莉安娜對政治不怎麼感興趣，她自己就有一堆事要做了。過去幾年，她一直努力對抗菸癮和憂鬱症，目前終於小有所成；在日常生活中，她和鄰居維持著不錯的關係，與自己的姊姊也保持著聯絡。有時候她會去做一些清掃工作，其餘時間則是在二手市集擺攤，賺點小錢來改善自己的退休生活。瑪莉安娜、克里斯和蘇西剛從施泰格利茨（Steglitz）的一位熟人那兒拿到一塊遮陽布，打算在下次的二手市集賣出，但計畫卻突然中止——因為瑪莉安娜突然消失了。

周圍的人都知道，瑪莉安娜很喜歡寫一些小紙條或短信箋。每當有朋友過生日，她總會用明信片捎去祝福的話語；在日常生活中，她也常往鄰居的信箱放一些小便條。奇怪的是，大家最近依然還是有收到瑪莉安娜的紙條，但從幾個星期前開始，就再也沒有人見過她本人了，只有蘇西會固定進入瑪莉安娜的公寓，幫她聽答錄機的留言，並清空信箱。

「瑪莉安娜去療養了，她這幾個禮拜不在家……」

如果有人問起瑪莉安娜的去向，四十六歲的蘇西總是這樣回答。

一直到十月，瑪莉安娜的姊姊越來越起疑：這幾個星期以來，她都無法確認妹妹是否平安，這一點也不像瑪莉安娜的作風。她和另一名朋友一起向柏林警方報了失蹤，警察對這起案子相當重視，他們在十月底進入了瑪莉安娜家搜查，但在門後等著他們的是……什麼都沒有。瑪莉安娜家擺了很多東西，大多都是二手市集的雜物，還有幾輛舊腳踏車，但沒有任何犯罪的痕跡。也許她真的如蘇西所說，去別的地方療養了。畢竟瑪莉安娜是個成年人，她可以自己選擇要待在什麼地方。

幾天之後，就像是要證明什麼似的，好幾張明信片從漢堡寄到了柏林。瑪莉安娜對朋友和鄰居寫道：她一切都好，不過還會花一段時間在外旅行。奇怪的是，她的字跡似乎跟以往有點不一樣，而且她以往的信件都是以「致上溫暖問候」結尾，但這幾張明信片卻只寫了「祝好」。現在，不只是瑪莉安娜的親朋好友，就連警察也覺得這件事越來越可疑。然而，儘管他們花了很多時間搜索，卻依然找不到瑪莉安娜的任何蹤跡，甚至沒有找到可能與她失蹤有關的人。

並不是所有失蹤者的親戚朋友都會這樣反覆追問當事人的消息，我們就時常在解剖台上看到一些死者，他們已經好幾年沒跟親友來往，也不會有人到他們的住處拜訪，查看他們是否安好。在好幾年前，我的同事就經手過一起離奇的事件，也是一位老人突然消失的案子。不知怎地，所有朋友、鄰居和家屬四年來都相信，這位退休老人是「出門度假」，我們不知道這個說法是從哪來的。他信箱裡的信件一次又一次滿出來，到最後，鄰居還拿了一個袋子來裝寄給他的這些信，並暫放在地下室。即使如此，依然沒人去報警。為什麼？「他去度假了呀！」但其實這幾年，老人的屍體一直躺在房間裡。他的養老金總是每月準時入帳，瓦斯費、水費和電費也都會自動扣繳。那最後他是怎麼被發現的呢？這還要歸功於德國的校準法，也就是每個家庭每四年要重新換一次水表。我們在此暫且不討論這條法規究竟有沒有必要，總之，死者住處的水表也到了需要更換的時候了。通知信寄到他的家中，詢問他何時方便讓工人到府更換水表？不過當然沒有收到任何回音。當工人問起隔壁的住戶去了哪裡？鄰居回答道：「他去度假了。」轉眼間，四年過去了，工人得到的還是一樣的回答。這次他決定要和警察一起進入屋內查看，而在那裡迎接他們的只有一具乾屍。

關於人死後屍體會不會被分解，以及會被分解到什麼程度，很大一部分是取決於環境溫度。如果空氣中的濕度較高，屍體很可能在幾天之內就會腐爛；如果溫度較高，空氣又有持續流通（例如窗外吹進來的微風），屍體就有可能變乾。幾個月後，附近鄰居就再也不會聞到房裡傳來的異味了。

事實上，我在所有德國大城市都聽過類似的故事：一位漢堡的法醫同業最近剛發表了一個案例，有名男子死後在自宅躺了十三年才被發現；在梅克倫堡－西波美拉尼亞邦（Mecklenburg-Vorpommern）也有一名死在閣樓二十五年的男子。同樣來自漢堡的還有另外一個案例，某男性屍體在單人沙發上坐了五年，都快只剩下一副骷髏了，一直到第五年的夏天，鄰居才突然意識到：隔壁的聖誕燈飾怎麼會這幾年來一直都亮著？

不過瑪莉安娜．F的情況卻有所不同，人們很早就開始起了疑心。在二〇一五年秋天，事情變得越來越不對勁：十月和十一月，瑪莉安娜的帳戶各有一次轉帳紀錄，第一次是轉了兩百歐元給她的熟人蘇西，第二次則是有另一位朋友收到了差不多的金額。這顯然很不尋常，因為在此之前，瑪莉安娜從來沒有轉帳給這兩位朋友過。更奇怪的是，這名消失的女子依然時不時會傳來訊息，她甚至主動寫了一封E-mail給負責此案的警員，信中寫道：「我正出門在外，一切都很好。」寄件人是Marianne.F@gmax.de。然而，瑪莉安娜本人以前從來沒用過這個信箱地址。

這麼說吧，如果犯人夠聰明的話，他一開始就不會犯案了——特別是凶殺案，這類重大案件的破獲率幾乎是百分之百，犯罪調查部門基本上沒有抓不到的人。和他們共事幾年下來，我深知這群同事在工作上有多麼細心、多麼堅持。如果我是凶手的話，絕對不會想遇見這群人，因為他們只要一咬住罪犯的咽喉，就絕對、絕對不會鬆開。也就是說，如果有合理的懷疑，他們真的會徹查到底。這些組員們都是非常聰明、思考充滿策略性，掌握各種技術的人才。

二〇一五年秋，雖然此時的德國在政治和社會上都面臨挑戰，但瑪莉安娜．F的案件卻沒有被積壓在堆積如山的檔案中；相反地，警方花了好幾週的時間對各個方向都進行了偵調。隨著調查深入，他們越來越懷疑瑪莉安娜可能已經不在人世，但她的屍體會在哪裡呢？還有克里斯和蘇西這對情侶，他們和這起案件有關嗎？在這三個人一起去拿遮陽布後，是不是發生了爭執？在警方的資料中，蘇西的背景並不清白：她曾有多次因竊盜、買賣贓物和傷害罪的案底，而且總是表現出非常剛硬、具有攻擊性的態度。

同年十一月下旬，警方重新進入了瑪莉安娜．F的住處，這次他們帶了能找出屍體的嗅探犬。狗兒馬上就有了反應，不過他們沒有在公寓裡找到屍體，而是有別的發現。在特殊試劑的幫助下，調查員可以讓血跡現形，這間屋子雖然表面上看起來乾乾淨淨，然而在紫外線燈的照射下，可以看出最近肯定發生了一場血案。到處都是刺眼的螢光：地上、浴缸、洗手台……幾天後，DNA比對的結果出爐，證實了眾人這陣子的懷疑：血跡正是來自失蹤的瑪莉安娜。

十二月中旬，克里斯和蘇西被逮捕並接受審訊。他們的手機信號紀錄顯示，兩人在瑪莉安娜失蹤當天到過她的住處，不僅如此，在之後數天又去了好幾次。除此之外，在二〇一五年九月底的某個深夜，他們曾經在柏林礫石湖附近待了好幾個小時。他們把瑪莉安娜的屍體丟在那裡嗎？警方沒收了蘇西的家計簿，發現這對情侶習慣把生活中的收支列得整整齊齊，而在九月底有一項紀錄：「罐裝油桶／七．五歐元」。蘇西最終在審訊時鬆口了：對，她把瑪莉安娜的屍體肢解後燒掉了。但是無論是她或者男友克里斯，都和瑪莉安娜的死沒有關係，真的沒有！

「屍體在哪？」

「在礫石湖邊。」

此時正好是聖誕期間，許多人都在放假，但犯罪調查部門一點也不想浪費時間。他們馬上就沿著礫石湖開始搜查，可惜沒什麼收穫，只找到幾塊被啃過的丁骨牛排，應該是夏天的烤肉派對所留下來的。除此之外，警官們還帶了一些半腐爛的野豬骨頭回來，但我看了後還是搖搖頭：「這不是人類的骨頭。」

直到假期結束後，蘇西才準備向警方提供更詳細的位置訊息。她帶著手銬，被一輛囚車運送到湖邊，然後指了指離岸邊大約五公尺的一處傾斜地面：「你們可以挖這裡。」

真的嗎？這裡每天都有幾十個人和狗經過，真的很難想像！就連我們站在那裡討論時，都有人帶著狗來散步，而狗兒的鼻子連動都沒動。我們懷疑地面面相覷，但還是必須驗證這個說法。幾名警察將嫌疑人帶走，然後從車上拿了鏟子過來。

然後現在，我們站在剛剛所挖出的大坑洞前。在挖到大約五十公分的深度時，已經能看到兩塊人行道磚，周圍是一堆玻璃碎片，這兩種東西都是為了防止動物把地底挖得亂七八糟而放的。

這座礫石湖周圍的區域屬於自然保護區，我對這一帶也很熟，偶爾會來附近走走。附近的蘆葦地有個小戲水區，在夏天非常有田園氣息。裸體主義（ＦＫＫ）愛好者也經常在這裡玩鬧，不遠處甚至還有個賣咖哩香腸的小攤位，可以說是非常典型的柏林風景了。但在這個冰冷的冬日，我們絲毫感受不到那種無憂無慮的夏日氣息：地底下有具燒焦的屍體，被支解過、疑似被殘忍殺害，而且已經埋了三個月之久。犯罪調查部門現在需要找到證據。

我們在發現屍骨的地點旁站成一圈，一起思考該怎麼行動才好。理論上，我們可以像考古那樣，用小刷子讓骨頭和衣物慢慢顯露出來，但這樣應該會需要幾天、甚至幾週的時間，我們等不了這麼久。我試著退一步思考，讓眼前的場景進入我的腦中：地上的深坑、湖畔的斜坡、黑暗而寂靜的湖水……

「我知道了！」我大叫：「我們引水來沖刷！」

這個計畫如下：我們從這個坑洞挖一條窄窄的水溝，穿過斜坡，一直挖到湖岸，大概會有六到八公尺長。然後，在水溝底部安裝一個濾網，再用湖水灌滿坑洞。如此一來，這些水和泥土會沿著傾斜的水溝再次流回湖中，這樣我們就可以把屍體上的泥土沖掉了。因為有濾網的關係，關鍵的證物也不會跟著一起流走。

犯罪調查組的組長同意地點點頭：「好，那我們就來試試看。」負責取證的同事也認為這樣確實可行，反正在被支解、焚燒又埋了三個月後，他們對於從殘肢上提取凶手的DNA或指紋已經不抱什麼希望了。沒過多久，消防隊也來了，準備幫我們把這個主意付諸實踐。不過一開始有點小問題：這組隊員的設備中沒有潛水泵，通常這在市郊才會被算進標準配備，因為在城市裡不太可能有池塘的水可以抽來使用。然而設備上的問題很快就解決了，有同事送了潛水泵過來，那就開始吧！身為前救護隊員，我可不會錯過重新拿起消防水帶的機會。

這個臨時想出的辦法非常成功，很快我們就看見瑪莉安娜遺體的全貌了：

「屍骨的殘骸堆積起來，像是一堆燒焦的煤炭，其中有人類的頭骨（明顯看得出燒焦痕跡）、上胸椎的一部分（連接著右肩胛骨）、骨盆的一部分、織物纖維和一個燒焦的灰色垃圾袋。除此之外還有許多比較小的骨頭殘骸，一樣被燒焦成黑色，例如：肋骨。」

我在現場報告中這樣寫道。手臂和腿部不見了，我想應該是在焚燒過程中完全化為了灰燼，也就是燒成了灰。這並不是不可能的，根據經驗顯示：肋骨、骨盆和頭骨在高溫下能維持一段時間的形狀，四肢的骨骼則不然。此外，這些殘肢顯然是放在一塊木板上被點燃，因為我們發現了釘子和木頭的殘骸。

我們直到晚上十點都還在灌水沖洗這堆淤泥，想要在坑洞裡找到更多的骨頭、牙齒、皮膚組織、腐爛的器官、破損的衣料和塑膠袋的殘骸。最後，我們把蒐集到的證物裝成兩袋，準備運回法醫部門。還留在原地的遺骸也需要由運屍車送回去。

第二天早上，解剖台上的拼圖開始了。我們有一些在下顎部分的牙齒，根據牙醫提供的病歷資料，可以從填充物確認：毫無疑問，這位死者就是失蹤的瑪莉安娜．F。燒焦的衣物殘片也要仔細檢查，上面說不定會有破損的痕跡，例如被刀穿刺的孔洞，可惜我們在死者身上的T恤和內衫沒有什麼太大的發現。如果瑪莉安娜．F曾經在穿著衣服的情況下被刺傷，那麼這兩件衣物理論上都會各有一個洞，不過它們已經被大火燒得坑坑疤疤，幾乎看不出原形了。

另一方面，蘇西依然強烈否認殺害瑪莉安娜，聲稱自己只是分屍焚燒後丟棄而已。她的男友克里斯則是採取徹底保持沉默的策略。除此之外，蘇西還為警方準備了一個新版本的故事：據說瑪莉安娜有個朋友叫「卡蘿拉」，是她們倆起了衝突，然後瑪莉安娜被她殺死。只不過瑪莉安娜的親朋好友根本不認識叫「卡蘿拉」的人，也沒人聽瑪莉安娜說過這個朋友，就連蘇西本人在描述這個詭異的凶手時也含糊其辭。這位卡蘿拉姓什麼？「我不知道。」她住哪？「沒概念。」有她的任何聯繫方式嗎？「沒有。」

警方現在確定瑪莉安娜已經死亡，但仍然沒有線索表明她是怎麼死的？雖然克里斯和蘇西這對情侶從十二月中開始就被拘留，但他們和瑪莉安娜的死到底有何關係？現在，我們只能把所有希望都放在屍檢，更準確地說，是放在死者的頭骨上：這是整副遺骸中保存最完好的部分，它能夠幫助我們釐清案情嗎？

果然，我們發現了一些值得注意的地方：

「頭骨單獨分離出來，只有右側和後腦部分還留有一些頭皮，可以聞到汽油的味道，表面被黏黏的土壤汙損。（……）在剩餘頭皮的右後方區域，也就是右耳上方約兩公分、假想的「帽沿」高度，有個邊緣粗糙的撕裂傷，長度為三公分。（……）對剩餘的頭皮進行解剖，包含顱頂及上述提到的傷口：這個撕裂傷完全貫穿頭皮，一直到顱骨處都可見其痕跡。在傷口周圍，基本上可以界定出一塊四乘四公分、未成形的一層薄薄出血。」

死者的頭部受了外傷！在一般民眾眼裡，這個案子至此就差不多能結案了，案發過程：吵架、擊打、跌倒、死亡。在調查過程中所掌握的證據都指向這個方向，而頭骨就是最後一塊拼圖。現在這個犯罪的真相終於完整了！

遺憾的是，我必須打破大家的期待，因為死者並沒有顱骨骨折或顱內出血。

「死者的大腦位於顱腔內，並未完全填滿顱腔，因為高溫而明顯縮小、硬化，也有明顯的腐敗跡象。大腦呈現層狀：腦髓和皮質依然可被區分出來，但腦室的腦脊液系統和腦動脈已經無法準確檢驗其狀態。看不出腦部有無積血，也沒有發現和顱內出血相關的跡象，沒有血塊或結節。」

我們在瑪莉安娜・F頭部發現的大裂口雖然看起來好像很嚴重，但絕對不是致命傷，特別是底下的顱骨也完好無損。雖然在顱骨沒有骨折的情況下，也可能會死於顱內出血，也就是說：頭部遭受強力打擊後內部開始出血，那這樣應該會有顱內出血的痕跡，但我們並沒有找到。

我們發現的只有頭皮上的出血痕跡，這意味著此處傷口是在生前形成的。如果當事人活得再久一點，那麼出血很可能會變成青色的瘀傷，撕裂的傷口也可能會結痂，但我還是要重申：這並不是死者的死因。人類有沒有可能死於頭皮的外傷？「理論上」確實可能有這種現象，但其實不太會發生。即使我們真的在顱骨內發現所謂的「硬膜外出血」（也就是硬腦膜外部的出血），在這個案例中也證明不了任何事。這些痕跡雖然有可能是致死的鈍器擊打所造成，但也有可能是因為灼燒而在死後才形成的。如果頭顱處於高溫的環境下，硬腦膜的血管可能會破裂，同樣有可能形成積血，被稱為「硬膜外燒傷血腫」。所以，我們可以用來判斷死因的就只剩頭皮的撕裂傷了。它向我們顯示出哪些可能性？

第一種可能：這是有人猛烈擊打瑪莉安娜．F頭部所留下的傷痕，也有可能是致她於死地的攻擊。

第二種可能：這個傷口也可能是不小心跌倒造成的。還記得我們說過的「帽沿傷口」嗎？瑪莉安娜可能是被推倒、撞倒，也可能是在打鬥中產生的。

或者，第三種可能：在沒有外力介入的情況下，瑪莉安娜在她堆滿東西的公寓裡跌倒，造成頭部撕裂流血（後來，本案的嫌疑犯蘇西似乎很中意這個說法，她最終堅稱這就是事情的真相）。

第四種可能：這個傷口的確來自跌倒，但導致跌倒的原因可能是心肌梗塞或其他疾病的發作。因為死者的心臟和大腦的腐爛情況都很嚴重，我們沒辦法做進一步的判斷，只能大致上說：這也是一種可能性。

結論：屍體（或至少一部分的屍體）就擺在眼前，但我們對死因卻一無所知。這種情況在法醫學其實不算少見，有時候在一些案例中，我們會有一些感覺，甚或強烈的懷疑，認為死因應該是如何，但這終究只是個人意見，不能作為法庭上的證言。作為法醫專家，我只能堅持自己所看到的事實：

「屍檢後仍未獲得死因和死亡類型的訊息。死亡原因：不明。死亡類型：不可知。」

我在呈交給法院的報告中這樣寫道。

這個結果當然讓檢察官不甚滿意，我也可以理解，但屍體模稜兩可的情況讓我別無選擇。儘管如此，蘇西還是被判了刑。雖然，如果能證明她和男友確實犯下了謀殺或過失殺人罪，他們要面對的將會是比現在高出許多的刑期。

所以，瑪莉安娜．F真正的死因到底是什麼？如果你是問我個人推測的話，我猜是在爭執中被刺死，不過至今仍無法證明。

不過在礫石湖畔掘出她遺骨的那一幕，真的非常驚心動魄。

11 心肺復甦

十一月的某個星期二，三十五歲的安娜．P走進柏林北部一間醫院。她已婚，和丈夫育有一名四歲的女兒，身材苗條，非常健康。安娜是主動來看診的，因為她想解決自己先天下顎不正的問題。她的牙科醫師建議進行手術，因為牙齒歪斜不僅不美觀，長期下來還可能導致頭痛、掉牙等問題。於是，手術被安排在聖誕節前六週進行。

像這樣的手術被稱為「非急需手術」，也就是說，並不是因為情況緊急、馬上需要手術治療，而是安排在某個適合的時間點進行的手術。患者大多可以選擇要在什麼時候接受手術，畢竟這不是急症，不需要刻不容緩的治療。像我自己在幾年前就曾經接受過調整鼻中隔的手術，也曾經在三十歲那年切除扁桃腺，來改善我秋冬季頻發的喉嚨發炎症狀。

下顎不正並不是什麼嚴重的疾病，也不太會影響日常生活，但安娜．P求助口腔頜面外科的想法也是很正常的，如此一來，她就能改善牙齒的狀況。我也認為每個人都可以自由決定是否要對自己的鼻子、胸部或其他部位進行美化（我有一位最好的朋友當年和我一起開救護車，他現在成為一位成功的整形外科醫生，但我不是因為他才這麼說的，而是真的這樣覺得）。

而口腔頜面外科的醫生們也沒有辜負安娜．P的期待：在長達數小時的手術中，她左右兩側的下顎骨被鋸開，下巴向前挪動了五毫米，並在新的位置（下顎的下方）放置了金屬板和螺絲，好讓骨頭今後能再次長在一起。手術很成功，過程中沒有出現任何併發症。

時間來到星期三，也就是手術後的隔天，安娜．P的臉雖然很腫脹，但麻醉已經退去，她又恢復了知覺。最難熬的部分其實已經結束了。她在術後被裝上了一種牙套，把上下顎緊緊固定在一起，所以患者的嘴巴是不能張開的，或者說這才是這個牙套的目的。因為剛動過手術的下顎在最初幾天是不應該移動的。

當天下午，患者突然不太舒服，感覺吸太不到氣，陷入了恐慌。當時，正待在病房陪安娜．P做吞嚥練習的醫生馬上有所警覺：這可能是口腔和喉嚨過於腫脹，讓唾液導致呼吸困難。醫生們用一根和電腦電源線差不多粗的吸引管穿過患者緊閉的牙關，清理了她的咽喉部位。

之後發生的事情就有些模糊不清了。儘管事後發生了長達三年的司法糾紛，有好幾頁的律師報告、好幾份醫療證據被呈上檯面，但我們仍然無法完全釐清當下所發生的細節，醫院的工作人員對下午四點〇五分到下午四點四十八分的紀錄並不完整，幾乎沒留下什麼有用的訊息。根據我的推測，以下過程有可能最接近實際情況：當醫生將吸引管導入患者的喉嚨時，機械的運作刺激了迷走神經（Vagus nerve），也就是人類的第十對腦神經。迷走神經位於頭部的側邊，也就是喉壁後方的左右兩側，控制著血壓和心跳。簡單來說，迷走神經連結我們的頭部和胸部，也就是大腦和位於胸腔內的所有器官，當它受到機械性的刺激，可能會很快造成生命危險，因為它會讓心臟和肺部認為：大腦要它們「立刻停止運作」。

總之，當天下午四點過後，也就是順利進行完手術後的二十四小時，安娜・P躺在口腔頷面外科的病床上，突然發生了心臟驟停。

監看心跳的儀器呈現一條直線。

心電圖的線條不再起伏、量不到血壓、血氧濃度迅速下降。

床邊的監測儀器大聲響徹整個病房。

嗶嗶嗶嗶嗶，就像在電影裡看到的那樣。

所有人進入緊急情況。

場面一片混亂。

雖然眼下的情況看起來很戲劇化，但這在醫院裡其實是很常見的事件，很多病人都曾經突然陷入心跳停止的情況。幸運的是，安娜可以說是聚齊了最好的條件：她是一位年輕健康的女性，當下又並非獨自一人，而是有四位受過專業訓練的醫生在場；醫療設備、藥物、醫護人員，面面俱到，他們馬上開始實施心肺復甦術。當遇到類似的狀況時，一定會需要馬上對患者進行胸外按壓，如此一來，血液才能繼續輸送到全身；第二個步驟同樣非常重要，在體內流動的血液必須要含有足夠的氧氣，才能維持各個器官的運作。

但是，如果患者的上下顎緊緊固定在一起，要怎麼送入新鮮的空氣呢？有個最簡單的方式：把牙套的線剪斷，讓口腔和氣管再次保持暢通；在理想的情況下，我們此時就可以經由咽喉，把軟管放入氣管，也就是所謂的「插管」（intubation）。安娜．P顯然不是第一個在口腔頜面手術後需要進行心肺復甦的患者，一般來說這些患者的頸部都會掛一條細繩，連接著一把剪線鉗。如果醫生或護理師需要快速打開口腔，只需要抓起這把鉗子，就有最稱手的工具可供使用了。就像剛剛說的，不管在哪間醫院都有可能突然遇到患者心臟驟停，醫護人員必須隨時做好進行施救的準備……一般來說是這樣的。

但是安娜．P的脖子上什麼都沒有，沒有細繩、沒有切割工具。沒關係，有時候也是會有這種情況發生，還有其他辦法能解決。

不知道你有沒有聽過在麻醉師之間流傳的一句金玉良言？「不插管不會死，但不呼吸就會死。」也就是說，插管不是為患者供給氧氣的唯一辦法。事實上，還有一個非常簡單的作法：只要戴上氧氣面罩，然後用袋子把氧氣擠壓進口腔就行了。這也許不是最有效率的辦法，但基本上是有效的。

當然，如果有辦法做經典的「氣管插管」會更好，為此需要一個簡單的插管裝置。用一種小小的金屬器械（喉鏡）小心伸入患者嘴裡，調整舌頭的位置，看到咽喉後就可以導入軟管，放進氣管。我自己在當救護人員時就做過十幾次。這種方式能讓空氣直接進入肺部，不會被舌頭阻擋，堪稱完美。如果要控制或引導患者進行人工呼吸，氣管插管至今一直都是最安全的辦法。

但是安娜．P術後腫脹緊閉的嘴巴不適合快速打開，因此不能進行氣管插管。在當時的緊急情況下，似乎沒有人考慮氧氣面罩的替代方案，或是因為腫脹的下顎而放棄了。

總之，在場的四位醫生最終選擇了侵入性最大的方案：緊急切開氣管，打開一個小洞，從那裡放入氣管軟管。頸部有兩個地方適合做氣管切開術，一個是甲狀軟骨和環狀軟骨之間，學名是「環甲韌帶」（拉丁文叫做 Ligamentum cricothyroideum 或 Ligamentum conicum）。這是個很理想的位置，因為此處沒有血管，所以不用擔心讓患者重創。有些軍醫或航海中的船長曾用鉛筆刺穿這個部位，來挽救士兵或水手的性命。從解剖學的角度來看，施救者也相對比較安全：首先，這個位置很難插錯；其次，這種插法不會造成大出血。因此直到今天，軍人和護理人員仍然會學習這項技術，並加以實習。雖然在別人喉嚨中間刺一個洞這件事需要克服一點心理障礙，不過在簡單的介紹與教學後，理論上每個人都能做到。

對當時的安娜．P來說，如果能像這樣在喉嚨開一個洞，應該也不失為急救的好辦法。然而醫生選擇了第二種更為複雜的方案：在鎖骨中間、稍微上面一點的地方進行氣管切開術。有些人在這個位置有條細細的疤痕，那就是進行過氣切的典型傷口。也許是因為在下顎手術後，患者的喉嚨也很腫脹，醫生才會選擇在這個部位進行氣切？

從醫學的角度來看，在急救時選擇切開這個部位是很不尋常的，因為切開此處本身就相當於一次小手術，而且可能會傷及血管，通常只有在患者必須長時間仰賴人工呼吸管時（例如：重症（Covid-19）才會考慮這種作法。透過口腔放入呼吸軟管的「氣管插管」就比較不適合長時間進行，因為可能會導致患者氣管軟化、黏膜受傷。所以臨床上常看到氣管插管幾天後，改為氣管切開術的案例，不過在分秒必爭的心肺復甦期間，氣管切開術往往不在許多醫生的考慮範圍內。

儘管如此，如果對安娜．P的氣管切開術有順利進行的話，事後也不會有人多說什麼。但實際上，這個過程並不順利。

在瀰漫的緊張感中，醫生下刀的位置太高，切開了安娜．P鎖骨與喉嚨之間的某處，又是一陣手忙腳亂——然後終於開始人工呼吸了。但是醫生們馬上注意到：空氣似乎沒有順利進入肺部？呼吸道阻力非常大，一定有哪裡出了問題，安娜．P喉嚨裡的管子顯然放錯位置了。我必須再重複一遍：這種情況是有可能發生的，而一旦發生，我們就必須想辦法再次掌握情況。這場搶救生命的戰役還沒有輸，但緊接著又是下一個錯誤。

醫生們重新放了呼吸管，但第二次的嘗試也失敗了，這次他們穿過了病人的氣管，管子的末端停在氣管後方的組織。安娜．P現在已經接上了呼吸機，與此同時，胸外按壓也持續不斷地在進行。透過高壓，機器將氧氣送入安娜．P失去生命跡象的身體，只可惜沒有送到對的地方。我還是要再說一次：這些都是急救中有可能發生的狀況，也並不會馬上致命，我們只需要注意到這個情況，並做出適當的應對，病人的生命還是能救得回來。

但是在安娜．P的病房裡，沒有人做到這點，這就是問題所在。

我們必須要有很清楚的認知：心肺復甦在急診醫學中屬於最高級別，攸關患者的生死，所以一直以來我都不斷宣導：所有醫生都應該掌握這項關鍵技術，無論是婦科醫師、外科醫師、骨科醫師……都一樣。這不只是救護團隊和加護病房內的工作，所有科室的醫護人員應該隨時都能實施心肺復甦，最好能撐住患者倒下的前十分鐘，然後理想的情況下，接下來會由專業人員接手。為了達到這個目的，必須一而再、再而三地練習正確的心肺復甦，並定期複習這項技術。遺憾的是，現實的情況並非如此。所以安娜．P病房裡的口腔頜面外科醫生們又犯了一個嚴重的錯誤。

事實上，有個非常有效的方法能確認呼吸管的位置是否有放對，就是檢測呼氣時含有多少二氧化碳的小儀器。原則就是：在讓患者人工進行呼吸時，必須確保吸入大量新鮮空氣，與此同時，也要排出大量的廢氣。所以醫師只要檢查二氧化碳值或曲線就能知道自己有沒有做對、呼吸管有沒有放對位置、人工呼吸到底有沒有達到效果。

然而，如果要比喻的話，安娜．P醫生們就像是一次次無視了紅燈信號。他們本來可以檢測出二氧化碳含量不對勁的——或者說，本來應該要檢測的。安娜．P身上的呼吸管本來也可以重新安裝第三次的，直到這個時候，醫生們都還有採取正確行動的餘地。

但在這個緊急情況下，沒有人停下來自我檢視，最終，安娜．P在呼吸管位置不正確的情況下，接受了將近四十五分鐘的心肺復甦。這當然一點用也沒有，她的肺部缺乏氧氣，連帶著血液裡也沒有氧氣來維持身體機能；不僅如此，她體內的壓力還在不斷增加。透過錯位的呼吸管，空氣不斷被強行打入體內，首先是積在氣管後方的「縱膈」，一路壓迫組織來到胸腔，最終壓縮到兩側肺部的空間。它們被擠得越來越扁，直到變成一小片組織。在這種情況下，沒有人還能活著。

兩天前，安娜．P自行走入了這家醫院；兩天後，躺在棺木裡的她從後門離開。現在我們必須來檢視「人為醫療疏失」的指控（這個詞用來表示死因還滿奇怪的，不過在法醫學上經常會用到）。是醫生的錯嗎？檢察官該不該起訴他們？

屍檢時，我們注意到的第一件事情是：屍體非常腫脹，就好像有誰打氣進去一樣，連臉部都鼓鼓的；即使在平躺的情況下，腹部隆起的幅度依然不小，在觸摸屍體時發出了劈啪的聲響。當我們看到電腦斷層掃描的照片，發現整個身體的軟組織中幾乎都出現了小小的黑斑——這些都是氣泡，而且本不應該存在。肺部和橫膈膜之間有大量游離的空氣，肌肉組織也是，皮下脂肪組織也是，簡單來說，到處都是。如果正確進行人工呼吸的話，屍體看起來不可能是這個樣子，胸腔裡不會有如此大量的空氣。我們的診斷：伴隨大量「軟組織肺氣腫」的張力性氣胸。CT讓一切的元凶很快現形：明顯能看見穿透氣管的人工呼吸軟管。

我們也能清楚看出進行氣切的部位，因為軟管實際上還插在死者的喉嚨裡。這是正確的情況：一旦確認死因為「不明」或「非正常」，任何人都不能再試圖改變屍體的狀態，包含移除軟管。

幾天後，屍檢報告完成了。我們從醫院提供的寥寥數項紀錄中，推測導致死者心臟驟停的原因應該是迷走神經刺激。遺憾的是，關於安娜・P生命中最後一個小時，我們所知甚少；醫院只給了少得可憐的資訊，但心肺復甦實施前和實施中的步驟、用藥，不是應該填滿好幾頁嗎？這難道不可疑嗎？目前，我們也只能仰賴手邊的證據了。

可想而知，事情會變得很有爭議性，因為我們不得不對同事做出嚴重的指控：

「從法醫學的角度來看，即使是在緊急狀況下，主治醫師沒有發現人工呼吸管被放在了錯誤的位置也令人難以理解，特別是主治醫師應該已經注意到大量軟組織肺氣腫的發生，結合人工呼吸無效這點來看，（……）應該要迅速做出反應。」

在我們看來，安娜・P的心臟驟停應該不至於讓她死亡才對。

「在沒有相關病史的前提下，我們必須假設：如果人工呼吸的問題被及時發現並得到適當的治療，對該名女性患者實施的心肺復甦將會成功。然而，患者最終死於不正確的醫療程序和不正確的心肺復甦。」

這是一枚震撼彈，因為現在可能有過失致死的嫌疑，檢察官介入了調查。與此同時，醫院及其醫療團隊也立即求助了律師和辯方專家，我們則在研究所為這場長期、充滿衝突的醫療疏失審判做準備。可以確定的是，辯方對我們一定不會客氣，但這也是法醫工作的一環。有些人可能會覺得，醫生們基本上就是會團結在一起互相包庇，但這是錯的，以法醫來說，我們的職業特性就是中立，無論受到指控的對象是誰，我們都會想辦法找出真正的死因；反過來說，也不會因為同情或個人的正義感使然就輕易排除任何嫌疑。

儘管如此，我必須重申：安娜．P的案件是個非常少見的例子。一般來說，醫生絕對不會頻繁犯下致命錯誤，實際上正好相反：在我的工作中，我很少真的做出醫療疏失的判斷，但卻經常遇到醫療疏失的指控。有時候，部分家屬主觀上可能會有不同的意見，但從統計數據來看，重症或重傷的臨床治療很少發生疏失。在柏林，我們每年會進行十幾次「有醫療疏失疑慮」的屍檢，但絕大多數情況下，都沒有發現任何疏失或故意的證據。

遇到親人過世時，很多人一時不願意接受，這也是很合理的。遭逢了如此巨大的悲慟，他們當然會想找出「罪魁禍首」——為什麼我親愛的媽媽、爸爸、另一半、孩子……就這樣走了？也許是醫生能力不足，也許醫院開的藥根本治不好病，也許護理師太忙了，沒有好好照顧病人……對吧？

在這種情況下，要求屍檢絕對是正確的決定。正如先前所提到的，我鼓勵醫生在死因尚不明確時，直接寫下「死因不明」即可，尤其是家屬對當事人的死有所疑慮的時候。這樣一來，警方就會前來幫忙，確保屍體被送到法醫的手中。透過屍檢，所有懸而未決的問題幾乎都能被解答，這讓家屬得以放下心來，也幾乎百分之百能減輕醫護人員的負擔。

反過來說，如果家屬在屍體火化後的幾週或幾個月後才對死因表示懷疑（這種情況還滿常發生的），那麼檢察機關也只能扣押醫院的相關紀錄和檔案。誰做了什麼？何時做的？誰又沒做什麼？法醫必須在沒有屍體可供參考的情況下，根據這些書面資料進行推斷。這不是件容易的事，在類似情況下被以醫療疏失罪名告上法院的醫護人員並不少，過程對所有參與人員而言都是一場惡夢：悲傷的家屬走不出來，醫護人員的頭上則時刻懸著達摩克利斯之劍[13]。

安娜．P的案件則不是這樣：在心肺復甦失敗後不久，醫生宣告她在當天下午四點四十八分死亡——「死因不明」。很快地，我們就得以在解剖室仔細檢查她的屍體。這一次我們確信醫生真的犯下了數個嚴重錯誤，但這又代表什麼？最直接地說，這代表從現在開始，我們要來來回回提交許多文件。

幾個月過去了，安娜．P的丈夫日夜哀悼著妻子的離世，女兒每天都想念著媽媽，但這個案件卻變成檢察官、律師和專家證人們之間的鬥爭。身為法醫，如果不小心惹惱自己的「同行」，通常都會走向這種結果。所以在面對醫療疏失的訴訟時，我們總是建議檢察官多聽取臨床專家的意見，讓專家重新檢視一次我們的法醫學證據。我們當然不可能上知天文、下知地理，有很多複雜的臨床醫療程序和症狀都是我們所不了解的，也沒辦法回答所有問題。一位優秀的法醫會明白這點，就像那句名言所說的：「真正的專家清楚自己的極限。」

假設今天開庭審理的是一起病人在腹腔手術中死亡的案件，我作為法醫學家出席，對面的專家證人是一位權威腹腔外科醫師，那我最不想聽到的應該是這種問題：「布許曼先生，你這輩子主持過幾次腹腔手術？」因為很顯然是一次也沒有，事實上，我也不需要主持任何腹腔手術。所以，如果我懷疑是腹腔手術中的疏失導致患者死亡，甚至有證據能證明的話，還是要請一位專業腹腔外科醫師來為我的判斷背書。

話雖如此，在安娜．P的案例中，我認為結論是顯而易見的，甚至都不需要臨床專家的意見，但辯方顯然不這麼認為。在法庭上，他們大聲質疑我沒有資格做出這種判斷，辯方提交的許多報告都描述我是如何「缺乏醫學知識」，屍檢報告中的每一句話都被拿放大鏡檢視。根據他們的說法，從這份報告中可以看出我們根本不知道安娜．P的死因。辯方不想追究任何人的責任，他們聲稱，這只是場不幸的意外。

另外，關於這起案件是否屬於過失「殺人」，在法庭上也展開了辯論。辯方稱：是，急救的過程是出了問題，這點我們承認，但這不能說是殺人，因為對象已經是具屍體了。沒有人會在實施心肺復甦時犯下危及生命的錯誤，畢竟被救者當時已經死了，你要怎麼去「殺」一個死人呢？沒錯，以臨床的觀點來看，安娜．P當時已經因為心臟驟停而死亡，而心肺復甦也是針對「沒有生命跡象」的人實施的，但這就是司法上微妙的地方：「沒有生命跡象」並不等於「死亡」！死亡的意思是：在正確實施心肺復甦搶救後依然無效，或身體已經出現「明顯死亡跡象」（即屍斑、屍僵、屍體腐爛或明顯無法挽回的傷害，例如頭部被切斷）。而所謂「法律上的死亡」則需要兩位醫生分別判定患者為腦死才會成立。

儘管有如此明確的定義，辯方卻巧妙地展開自己的論點：心肺復甦不會「做錯」！這也是我在救難培訓中和學員一再重申的要點，你可以折斷肋骨，可以壓壞肝臟，可以撕裂心臟

——在急救過程中，任何事都有可能會發生。施救者在當下的舉動是出於絕對的善意，所以過程中的破壞性是可以被接受的。事實上，長時間進行胸外按壓無異於對胸部施加巨大的鈍性創傷，在急救結束後，患者往往會看起來像是被卡車輾過一樣，不過這些都沒關係。

因為在緊急情況下，「不作為」也是一種選擇，這基本上表示患者一定會死亡。所以，在執行心肺復甦的過程中，最高的原則就是儘快讓患者恢復呼吸心跳，如果只是在原地乾等，那麼當事人只有死亡一途；若是果敢地採取行動，至少還有一絲機會，即使過程中有些事情出了錯，但原則上，施救者的行為都是有道理的。

而現在，醫院方面也聲稱：在對失去生命跡象的病人急救時，他們也有犯錯的權利。不過在我看來，這不過就是丟了一枚煙霧彈而已，因為安娜．P的情況是另一回事：她沒有遇到嚴重的交通事故、沒有跳軌撞火車、沒有被刀刺中腹部，她並不是在街上倒了好幾分鐘後才被發現的。她的心臟會停跳，不是因為大量出血；她的呼吸會停止，也不是因為身體逐漸失去力氣。我們要記得：安娜．P是一位年輕、健康的女性，沒有任何病史；她的下顎當時嵌著金屬螺絲，但是是透過成功的手術安裝的，沒有引起併發症。她之所以會陷入心臟驟停的狀態，很可能是因為使用了唾液吸引管而引發的，甚至是發生在好幾位專業醫生在場的情況下。當時，現場的設備和技術條件可以說是好得不能再好了。

我們在法庭報告中也陳述了這點：

「在屍檢過程中，並根據醫院方面所描述的（十分有利的）先決條件，沒有發現任何證據表明心肺復甦會以失敗告終。相反地，鑒於死者是一位年輕、心臟健康的女性，如果在心臟驟停發生時對其施以心肺復甦，應該會有成功的結果。」

不管怎麼樣，安娜．P本來都應該可以活下來才對。

辯方的觀點則截然不同。

雙方的爭執越演越烈、越變越深。但就在安娜．P去世三年後，這個案子迎來了一個令人驚訝的轉折：民事和解。死者的丈夫和律師一起向醫院求償，最後協商的數額約在五位數的中間。我想，我們可以憤世嫉俗地問：難道在德國，一個人的生命就只值這點錢嗎？如果類似的案件發生在美國，死者家屬很可能會獲得數百萬美元的賠償。而且，隨著和解金額定案，這個案子在民事上也得到了解決。最終，醫院沒有以任何形式承認其疏失，他們所支付的賠款也被認為是為了彌補「悲劇」。

不久後，檢察官也結了案，根據德國刑事訴訟法（StPO）第一百七十條之二，在「缺乏足夠犯罪事實懷疑」的情況下停止調查。這麼多年來，這場審判花費了許多錢財，在法庭上進行了激烈的交鋒，但這一切都無法挽回安娜・P的生命。

⓭譯註：「達摩克利斯之劍」出自古希臘寓言的隱喻，表示能力越大，風險也就越高。

12 房客

在我們法醫部門的走廊上有一張小桌子，每次我們完成屍檢後，都會坐在這裡，在一本大本子上填寫關於屍體的重要資訊。這張桌子上還有一台公用電腦，因為已經有點年頭了，看上去不免有些笨重，但仍然可以上網。平常如果比較不忙，我們部門的助理會坐在這裡用電腦，看看柏林當地的新聞網站或柏林警方的官方網站：今天發生了什麼事？有沒有意外事故、槍擊事件、凶殺案？下一個可能躺在解剖台上的人是誰？

在某個星期五的早晨，這位同事突然在網路上看到了一起剛發生的犯罪事件，連我們都還沒收到相關消息：

「今早大約九點，警方和消防隊接到了來自阿爾薩斯街的報案電話：一名身受重傷的男子倒在某公寓中庭。根據目前消息顯示，這名二十五歲男子稍早從三樓公寓的窗戶一躍而下。警方在公寓內進行調查時，發現一名中刀身亡的二十四歲女性，（……）並強烈懷疑跳樓男子就是殺害該名女子的嫌犯。」

這顯然是一起重大案件！有一位死者和一名重傷者，而且就發生在附近，但卻沒有人叫我們到犯罪現場？發生什麼事了？我們馬上打給柏林犯罪調查部門詢問：

「有需要我們過去嗎？」

「不用不用，一切都在掌握之中，很清楚的案子，你們不用跑一趟了，」他們說：「我們馬上就把死者送過去。」

一般來說，我喜歡親自看看犯罪現場，這能幫助我確認屍體的傷勢與案發地點的特徵是否吻合。舉例來說：現場有沒有鋒利的邊邊角角，可能會讓受害者刮傷，甚至跌在上面？周圍有沒有可能被當成武器的東西？血液是怎麼噴濺的？當然，我們也可以從警方拍攝的現場照片中得到這些訊息，但我還是更喜歡自己建立一個犯罪現場的印象。不過有時候如果犯罪事實和案發經過已經一目瞭然，警方就不會把我們叫到現場，在這個案子裡就是如此。

沒過多久，尤莉亞．Z的遺體就由一輛車身寫著「法醫」的灰藍色運輸車送了過來，經由地下的專門通道來到我們部門。屍體躺在擔架上，用不透明的白色塑膠袋裝著，袋子的拉鍊上有個粉紅色標籤，代表是由警方扣押。屍袋上用黑色奇異筆寫著：「邦立刑事局，請馬上檢驗！體重六十三公斤（含衣物）」。

這名年輕女子死前究竟發生了什麼？涉及哪些犯罪行為？因為嫌疑人，也就是那名跳窗男子暫時無法接受審問（他還在醫院接受手術），所以目前只有這具女性屍體給我們一些提示。因此，這次的屍檢除了法醫和法醫助理外，還有負責本案的檢察官、犯罪調查部門、鑑識人員和邦立刑事局的一位攝影師在場。在這種情況下，警方會直接在我們身後觀看屍檢。

我們準備開始工作，眼前的景象令人不由得心驚：

「一名年輕女性死者仰躺在解剖台上，屍體戴著一條由紡織物製成的項鍊，被一刀切成了兩段。死者的穿著如下：一條合身的黑色緊身褲，上半部浸滿鮮血；一件合身的灰色棉質上衣，最上面的兩個鈕扣是解開的。這些衣物上到處都是血跡，尤其是頸部、手臂和背部。」

看到如此年輕的生命逝去從來都不是一件容易的事，可想而知，父母的痛苦是難以承受的。最令人難受的其實是對兒童進行屍檢，我一直都很不喜歡這種工作，而自從我自己當了爸爸後，解剖小孩的屍體又變得更痛苦了。所以在我們部門，會儘量確保剛剛成為父母的同事不用負責這種案子，除非他們自己願意。畢竟下班回家後，那個景象還是會縈繞不去。

在我們小心除去衣物，並清洗尤莉亞．Z的屍體前，我們仔細地檢查了衣服上的每一個破洞（所謂的「織物破損」），並加以測量。每個破洞都是一下刀刺的結果，每一個細節對我們而言都很重要，能幫助我們迅速重建打鬥和殺戮的過程。而當我們終於看見屍體的全貌，本案的暴力程度可說是顯而易見了，凶手幾乎是「屠殺」了尤莉亞，我們首先注意到的是手臂、手掌和腳上的傷口：

「前臂和手上有許多防禦性傷口，有主動也有被動，有幾處非常深。三個指尖（右手食指、無名指，左手拇指）被切斷，左手動脈完全被切斷。折斷的刀尖卡在右手尺骨，左腳兩根腳趾割傷。」

除了這些之外，腹壁上還有一個七公分長的傷口，小腸從腹腔掉出來，大腸被刺穿。但導致尤莉亞．Z死亡的嚴重的傷害位於她的頸部：

「前外側頸部（右乳突到左耳根部）被完全橫向切斷，傷口邊緣尖銳；頸部前方和側邊肌肉完全被橫切、分開，兩條頸動脈剛好在分岔處，還有前頸部的所有靜脈血管、甲狀腺、氣管和食道。咽喉部位的骨骼有兩次銳利的割裂，皆為橫向。第四頸椎處前方的表面有兩個橫向切痕和兩處斷刀碎片。」

講白一點：這名年輕女子幾乎被斬首，不是一刀造成的，而是有好幾次切割、戳刺的痕跡，我們從銳利的傷口邊緣、以不同角度撕裂的肌肉和斷裂的血管可以看出這個過程，也就是說，凶手大概是想砍掉她的頭。我們還能看出尤莉亞．Z在這個過程中還活了一段時間，因為從犯罪現場的照片上可以看到大量飛濺血跡：人死了就不會再流血了，因為這需要心跳和血液循環。除此之外，她過度鼓脹（氣球化）的肺部也充滿了血液，不僅是氣管，就連肺部組織也都是鮮血。這一定是尤莉亞的頸部受到重傷後，在瀕死的情況下被吸進肺裡的。

到底是誰幹的？

誰會對另一個人做出這種事？

動機是什麼？

一週後，我來到凶手的病床邊。乍看之下，他就只是個正常的年輕人：身材中等、一頭紅色短髮（髮色和長度與我們屍檢過程在尤莉亞．Z被截斷指甲上所發現頭髮吻合）。這名男子叫盧卡斯．R，目前還昏迷不醒，身上連著呼吸機，體內有許多金屬板和螺絲，臉部瘀腫。從柏林舊公寓的三樓摔到擺滿自行車和垃圾桶的後院柏油地上，他竟然能倖存下來，這讓我非常驚訝。醫生緊急為他進行了手術，處理了身上許多骨折的部分，但最重要還是止住內出血。他目前正處於「人工昏迷」的狀態，接下來的好幾個月可能都還無法完全痊癒，也不一定能與人交談。

因此，犯罪調查部門的同事有充分的時間來調查這起殘忍暴行的背景。我到加護病房看他的目的並不是要評估他的精神狀態（精神科專家之後會負責這部分），而是要記錄並檢查他的所有傷害。這些傷口是否都是墜樓導致？還是有一部分是在襲擊尤莉亞・Z時產生的？尤莉亞有主動攻擊或因疼痛而反擊他嗎？

我在盧卡斯的手上發現了一些小結痂，我寫道：

「從癒合的狀態來看，這些傷口有很高機率和犯罪有關，例如在持刀傷人時因手掌滑動而割傷。」

凶手的攻擊力度如此猛烈，簡直像喝醉了一樣，以至於他割傷了自己好幾次。另一方面，盧卡斯・R身上沒有典型的防禦性傷害，也就是說：尤莉亞・Z沒有攻擊他。

但這代表了什麼？背後有沒有錯綜複雜的關係？還是這兩人有租屋糾紛？這場衝突為何如此激烈？警方立刻開始調查盧卡斯・R的身家背景。他們很快發現：這名二十五歲的年輕人多年來一直患有精神分裂症，到目前為止，他一直成功地隱藏了自己的疾病，也許是認為這沒什麼，因為他顯然對疾病幾乎一無所知，也沒有定期服藥。相反地，盧卡斯從十幾歲開始就經常抽大麻，這對精神分裂症患者而言可不是個好主意。幾年前，他因童年時期遭受的虐待和暴力事件接受了心理治療，但也許幫助不大。在他進行社區服務的期間，精神方面的問題更引人注目了，盧卡斯．R一直覺得自己被監視著，他的妄想症狀日益嚴重，不得不暫時住院。儘管如此，他還是有能力獨立地安排自己的生活：最近他在大學讀數學系，和別人合租了一間公寓，甚至交到了一位女友。然而，在這座車水馬龍的大城市，盧卡斯對日常生活漸漸感到力不從心，當他忙不過來的時候就會到薩克森．安哈特邦（Sachsen-Anhalt）的一位叔叔家中暫住。合租公寓裡的生活對盧卡斯而言開始不堪負荷，尤其是因為新住戶剛好在進行大規模的翻修。事後，其他學生表示：這位奇怪的室友那陣子常跟人吵架，內容可能是錢、房間分配、清潔或倒垃圾的問題。就這樣，盧卡斯．R開始避免在公寓過夜。

在犯罪的那天，他也直到早上才回家。當時，大部分的人都還在睡，除了尤莉亞．Z，她是這棟公寓的主要租戶。他們兩人很快就在客廳發生了激烈的爭吵，沒過多久，另外三位室友被尖叫聲吵醒了，就在其中一位想查看情況時，盧卡斯拿著一把大菜刀朝他走來；尤莉亞則倒在客廳，流著血，喉嚨喀喀作響。

「別過來！別過來！」行凶者瘋狂地大喊，所以這名室友只能迅速躲回房間，擔心自己也可能遇害。不過在逃回房前，他把一個廚房置物架推倒在盧卡斯身上，試圖阻止他。

我們有可能提前知道，盧卡斯．R某天會發狂並殘害他人嗎？有沒有任何醫生、醫療機構、診所、專家，能夠告訴我們他是不是個危險人物？

答案是：很難。

在我成為法醫的專業培訓期間，我跟著一名法醫精神科醫生工作了六個月，他是一位替法庭評估精神疾病患者的醫生。法醫精神醫學的主要任務是處理罪犯的罪責或危險程度等議題，有精神疾病的罪犯是否該被判刑？罪名會是什麼？國家必須怎麼關押他們？可以關押多長的時間？專家們會探訪已經犯下刑事罪行的罪犯，透過問問題來了解罪犯的心理狀態和生活條件。基本上，罪犯們也可以不回答問題、什麼都不說，但許多人都很想談論他們腦袋裡發生的事情。

在那六個月裡，我聽了許多可怕的幻覺故事。精神分裂症患者告訴我們：有黑衣人晚上會站在他們的床邊，如果他們不去做一些事情，就會用酷刑折磨他們。他們也會談論在房門下瀰漫的霧氣，會讓人發瘋並控制他們的思想。儘管這些描述很詭異，但我們要知道對這些人來說，這些都是真實、令人恐懼的場景，他們無法區分現實和妄想。但是也要在此聲明：並不是所有精神病患者都會犯罪，很多人並沒有成為罪犯，而是接受治療、服用藥物，盡可能來控制病情。

當時，我和那位法醫精神科醫生見過的一些人，到目前為止都只是因為情節輕微的違法行為而引人注目。他們有些仍然和父母一起住，或者由政府監護員來管理他們的生活。有些人則被關在不對外開放的精神病院，或被拘留在監獄，因為他們已經犯下了可怕的罪行。有人持刀或斧頭攻擊完全不認識的路人，或犯下其他難以想像的凶案。於是乎，法官就會面臨艱鉅的任務：到底哪些精神病患真的對社會構成了威脅？這些威脅的程度有多大？如前所述，並不是每個患有精神分裂症的人都會突然暴走，但也不是每個人都很正常。

因此，我們前段時間開始研究一個學術項目⓮：有位博士生（他是一名長期擔任審稿人的法醫精神病學家）正在研究精神病人犯下的凶殺案，而我負責指導他的論文。我們感興趣的是：近年來，柏林發生了多少這樣的凶殺案？是什麼引發了這些罪行？它們是如何發生的？受害者是隨機選擇，還是凶手身邊的人？他們是如何受害？殺戮真的是憑空產生，還是在事前能看出精神崩潰的跡象？是否有病人已經開始懷疑自己可能犯罪，但卻沒有被認真對待？沒有得到治療？社會上的精神病專家職責為何？他們對病人的護理和監測夠不夠緊密？

這篇博士論文尚未完成，但已經得到了第一個結論：精神分裂症患者不僅自殺率高，犯罪率顯然也比常人更高，或者犯下特別震驚社會案件。比如說，一般的凶手也許會在心臟部位刺三刀，但精神病患者卻有可能會刺上三十刀。在法醫學上，這被稱為「過度殺戮」，也就是受害者受到的傷害遠遠超過殺人的「必要性」。過度殺戮通常發生在親近的關係中，或者是像盧卡斯．R那樣的精神病患者身上。在這兩種情況下，凶手在犯罪過程中都失去了理智。

其實近年來已經有一些跡象能表明盧卡斯．R的病情正在惡化：他的偏執和攻擊性正逐步增加，但是並沒有被社會注意到，在他做社區服務的期間，也只有一次因騷擾而被判處小額罰款。從外表看，沒有任何跡象能看出他是一顆定時炸彈。即使在他殺害尤莉亞．Z之前接受過專業檢查，我們也無法確定精神病專家就一定會做出正確的預測。也有可能會正好相反。

過了一段時間，盧卡斯．R終於從昏迷狀態醒了過來。犯罪調查部門的警官和精神病專家已經準備好要聽取他的證詞，並評估他的精神狀態，但這位年輕人什麼都不記得了。這聽起來很像是為了自保而說的謊，但對於醫生和專家而言，他的失憶絕對是有可信度的：一方面，產生偏執性幻覺的精神分裂症可能導致當事人對發作期間所發生的事情沒有記憶；而另一方面，數週的麻醉（為了讓他保持在「人工昏迷」）通常會導致記憶出現重大缺失，盧卡斯．R也被診斷出患有嚴重的術後失憶。結論：他失去了與犯罪有關的一切記憶。

很難說我會不會對這個年輕人感到同情，畢竟受害者的屍體被他破壞得慘不忍睹，但我想這對每個人而言都絕對是一場噩夢：你在醫院醒來，全身疼痛難忍；警察站在你的床邊，對你講述了一場野蠻殺戮的細節——是你做的，但你根本不記得。

由於德國的精神病罪犯通常不能被判入獄（我們都知道，這相當於所謂的「安全程序」），盧卡斯．R可能會處在監管拘束下很長一段時間，精神病患者會在這種情況下被監禁、治療，也就是一種對外封閉的精神病院，像監獄一樣安全。值得注意的是，不要把這種監管和預防性拘留搞混了：預防性拘留是關押服刑期滿、但依然繼續對公眾構成危險的人，在臨床意義上，他們不是精神病，但仍然很危險。根據德國《刑法》第六十三條（「精神病院安置」項目）進行的安全訴訟案件中，凶手的律師通常不會試圖減刑，甚至不會試圖獲得無罪判決，儘管如此，所有的證人、專家都還是會出庭作證。在法庭上，他們會提出各種資料，證明被告在行凶當下是否有行為能力。

幾個月後，盧卡斯．R的審判開庭了。他的身體差不多恢復了，可以看出他對自己的罪行依然深感震驚。許多死者的朋友都有出席，法庭裡擠滿年輕人。由於德國的判決都是「以人民的名義」作出，因此大部分的審判程序都是公開的，除非有特殊情況（例如：性犯罪或少年被告），才會將公眾排除在外（但即使在這種情況下，「人民」也會以其他形式參與決策過程）。

一如往常，參與調查的每位警察、證人、醫生都親自出庭。自納粹下台以來，這一直是德意志聯邦共和國的法律規定。在第二次世界大戰後，被告不應該僅根據檔案受到審判，從前在納粹不公正的司法系統中，這種情況屢見不鮮。

位於塔街九十一號的莫阿比特刑事法院總是有一種特別令人敬畏的氛圍：法庭延續了十九世紀的普魯士美學，法官坐得比所有人略高，在一張巨大、黑色法官桌前；緊接著，左邊是書記官，左前方是被告，位置當然會低一些，右邊則是共同原告和證人的位置。只有檢察官的席位在於右側，與法官處於同一個高度。這樣一來，在空間上也能感受到國家的權力分配。四周是高聳的天花板，牆上是深色的木鑲板，窗戶有好幾公尺高。為了讓自己的聲音被旁人聽到，我們必須大聲說話，因為這裡的音響效果很差。

因為我這次沒有親自到過案發現場，所以只能根據屍檢照片說明我的發現。我必須使用清晰、簡單的辭彙，讓沒有法醫專業知識的法官了解每一個細節。當屍檢報告中提到「吸入血液」時，我會解釋這是什麼意思。

意思是，尤莉亞．Z吸入了自己的血液。

這些血是從哪裡來的？

從她脖子上的傷口而來。

這些傷是怎麼造成的？

用一把刀刃長度十七公分的刀。

想用這種刀把脖子完全切斷，需要多久的時間？

大約幾分鐘不等。

我還解釋了報告中的一些句子：「鑒於多處防禦傷（……）必須假設死者曾進行抵抗。」我所說的是那三個被截斷的指尖，這證明了她因不想死而試圖伸手推開凶手的刀刃。我不會忘記卡在她手臂和頸椎上的斷裂刀尖、她被撕裂掉出的腸子、她腳趾上的防禦傷，種種跡象都表明：她在倒下時依然痛苦地試圖反抗。

我的發表持續了大約四十五分鐘，法庭裡安靜而專注，法官、律師、檢察官和民眾都在傾聽，當然還有共同原告——我當時沒有想到這一點。我專注在說明案情，集中在尤莉亞・Z的屍體上，我冷靜地提交了所有細節，毫無隱瞞。

我們不會公開在法院裡放投影片，那會嚇壞許多人的。邦立刑事局將犯罪現場和屍檢的照片集結成冊，這本冊子會放在法官桌前，我還用電腦斷層的圖像製作了一份報告。我上前一步，用這些圖片向法官直接說明事件的經過，檢察官和律師也來到法官席前，我們所討論的內容仍然可以被前排民眾聽到。

大約一個小時後，法官的問話告一段落，進入短暫的休息。

「不好意思，我還想問一個問題。」

我收好文件，正準備離開，突然，在法庭外的走廊上，一位老先生朝我走來。他沒有說自己是誰，只是嚴肅而憂傷地注視著我。我轉向他：「請說。」

「她走得很快嗎？」

是她的爸爸。剎那之間，這個念頭掠過我的腦海：這一定是尤莉亞的爸爸。她的父母是這場官司的共同原告。

所以他剛剛一直坐在原告席旁邊，離我只有幾公尺遠，聽我詳細描述他女兒生前所受到的每一次傷害，還有我必須當庭陳述的那些細節。

在這種情況下，你會很想立刻脫離自己的專業身分；在這一刻，我寧願自己是個路人，我很想給這位老先生一個擁抱，表達我的遺憾與哀悼。在剛剛的審理結束後，他的內心世界該會有多麼千瘡百孔？這肯定是旁人所不能想像的，而世上又有什麼比白髮人送黑髮人更為悲哀呢？更別提他的孩子還是用這種極其殘忍、毫無意義的方式離開的。

我站在原地，還沒有回答。

他的問題依然停駐在我們之間，這是所有悲痛家屬都不禁想提出的問題：她痛苦了很久嗎？或者至少……很快就結束了？

我應該安撫、掩飾，或者避重就輕嗎？至少謊言能給他一絲安慰？

不，我必須說出真相，就像我在法庭上也說過的一樣：

「我很遺憾，她並沒有馬上死亡。」

這位年輕女子曾經像勇敢的獅子一樣，奮力捍衛自己的生命。

但最終卻還是輸了。

⓮ Reimann, S.: Tötungsdelikte durch psychisch kranke Straftäter in Berlin von 2005–2015. Diss. med. (laufend), Berlin.

後記

我知道看起來有這種感覺，但其實不是每件案子都那麼怵目驚心，像是在合租公寓被殺害的女大學生；也不是每件案子都那麼暴力，像是毆殺後被棄於陽台的男人；更不是每件案子都那麼恐怖，像是樓梯間燃燒的女人。

法醫學偶爾甚至還會碰到讓人開心的案子，就比如過去幾年裡我最喜歡的一個案子吧，它在我心目中是二〇二〇年度最佳案件！主角是一位老先生，高齡九十二歲，擁有博士頭銜和五個孩子。聽起來很不錯，對吧？根據他親朋好友的說法，他最喜歡做的事就是懶懶地躺在躺椅上，在陽台曬太陽。而他的屍體被發現時，正好就是在做這件事。

我說的就是字面上的意思：這位爺爺只是在曬日光浴時安詳地睡著了，從此一覺不醒。三天後有人發現了他，因為陽光的熱度和直射的緣故，他的屍體狀態不怎麼好，和往常一樣：死因不明，於是警察來到現場。在他們問話時，死者的孩子們異口同聲地說：他們的學者父親從來都不吃蔬菜水果，但即便如此，他還是活到了九十二歲高齡，而且健康狀況相當不錯！最後，他在自己最喜愛的地方安詳地死去。看到這個案例，多少會讓我們增加一點對生活的信心，不是嗎？

大約十五年前，我寫完了博士論文。我的指導教授來自漢堡，是一位赫赫有名、受人尊敬的麻醉學教授，他問我：之後有什麼打算。

「我想從事法醫工作，可以的話會一直做下去……」我回答道。

法醫有時候必須揭露醫療疏失（例如本書的第十一個故事），某種程度上，他們監控著其他醫師的工作，所以有人會覺得法醫都是一群抓耙仔。而且也有人會想：從早到晚都在看屍體？沒有感受過救人和治癒他人的那種激憤人心嗎？所以我當時覺得，對於我這個誠實的回答，教授也許會投以不以為然的眼神。但出乎意料地，他卻說：

「這是個很好的想法，布許曼先生，就這麼辦吧。法醫這份工作會磨礪你的眼界。」

那時的我還不太明白老師的意思，但現在我懂了。與死者打交道真的改變了我的視野，而且都是正面的改變。每一天，我都能在工作和個人生活方面發現值得珍惜的幸福，也明白自己身處的環境有多麼幸運。我沒有因為法醫學而失去幽默感，也沒有失去對生命的熱情。除此之外，年復一年在解剖室工作，讓我對人類的身體、可能的死因和案發過程更加敏銳，在醫學方面可說是一點都不無聊。我們在犯罪現場勘查，在法庭上列席，和死者、凶手、家屬都有接觸，這讓我們有很大的發揮空間。一般的醫學專家通常是針對某器官或某種病症，但我們法醫學家不同，我們看到的是「全局」，包含社會、司法和政治之間的相互作用。至於我們喜不喜歡自己所看到的東西呢？那又是另一個問題了。

當年，以法醫學作為志願還很「異類」，不過今天已經是很普通的選項了。法醫學者不再需要擔心「後繼無人」，反而正好相反：每年真的都有好多學生來就讀。以夏里特醫學中心為例，想要申請法醫學的臨床實習可能還會排隊等上好幾年呢！「解剖助理」的職業訓練也很受歡迎，過去，從事這份工作的人被當成沉默寡言的怪胎，人們對他們的印象就是：協助法醫「打開」屍體，在檢驗過程中幫忙，最後再把屍體「關起來」，而且還常常沒戴手套。不過近幾年來，有越來越多年輕女性來當學徒；在大學生中，對法醫學有興趣的女性的比例也有所成長，我覺得這真的很棒！也會盡可能支持這樣的發展。男性在醫學界獨大的時期已經夠久了，現在是新的時代，不管在哪個醫學領域都一樣！

有學術研究專門探討了人們對死者和解剖逐漸攀升的興趣是從何而來，也就是所謂的「CSI效應」。全世界都有人喜歡犯罪影集，裡面就有機智的探員和聰明的法醫。所謂的「真實犯罪類」作品也越來越受到歡迎，不論是電視節目、暢銷書排行或雜誌期刊（本書當然也屬於這個潮流的一部分）。這樣看起來，讀者和觀眾似乎喜歡在一段安全距離外窺視我們的工作，有點膽怯、有點作嘔、有點覺得可怕。很多年輕人覺得和屍體打交道會很有意思，於是選了法醫學或病理學方面的工作，這些都慢慢改變著「法醫」的公眾形象。我們不再是陰沉古怪的「地下工作者」，而是一個友善、樂於溝通、親切的團隊。

在媒體上總能看到許多轟動社會的案件，或是血腥嗜殺的驚悚小說，但這些和我們的日常工作其實沒什麼關係，我們畢竟是醫學工作者，不是警察、不是法官、不是調查員、更不是私家偵探。我們所檢驗的屍體中，有將近三分之一都已經腐爛，很多都是孤獨地在自己家中去世的人，就在我寫下這行字的時候，或者你讀到這行字的時候，柏林應該至少有五十個人死去，如果範圍擴大到全德國的話，大概會有好幾百人吧。

我們的另一群常客是輕生者，他們幾乎每天都會出現在解剖台上，我在本書第六章有講述相關的故事。除此之外就是在醫院去世的病人吧，如果死因不明確的話，也會需要我們經手。還有，別忘了成千上萬悲劇性的交通事故，每年在德國都依然有幾千人在道路喪生。這樣說起來，謀殺和過失殺人其實是我們工作中的例外，而不是慣例。

我想藉由這本書再澄清一個常見的誤會：法醫學其實是一門相當有歷史的穩定「技藝」，在屍檢中，我們很少用到什麼「高科技方法」（和電視上演的不同，我知道）。從十九世紀以來，外部檢驗和內部驗屍的規則就已經成形了，最後一次的重大改動是由維爾紹醫師（Rudolf Virchow）進行的。在工作中我們會用到鑷子、手術刀、顯微鏡，然後就沒了，只有毒理學和DNA檢驗會借助最新科技的力量，比方說，最近甚至有辦法在墳墓附近的土壤也檢測出農藥，就算屍體早已被分解了也沒問題。

除此之外，我們的日常主要由「看」、「聞」、「摸」、「描述」組成。早在攝影技術發明前，就有法醫這個工作了，所以我們總是會試著用文字呈現出「圖像」，盡可能描述得越準確越好。我們在屍體上和解剖過程中發現了什麼？也許你現在對這些文字也已經有概念了，我在每個章節中都有放一部分。其實我覺得我們的「專業術語」很好理解，原則上我們不會用外來字，句子長度也不會拉太長，這麼做當然是有目的的：我們的屍檢報告主要是要呈現給非醫學專業人士看，例如：檢察官、律師、法官，有時候還有家屬，屍檢報告應該要能夠將最重要的東西傳達給他們。

我們在解剖時所用的技術也幾乎就是那些，真的是閉著眼睛也會做，所以我有時候會跟學生開玩笑：「好好訓練的話，猴子也會做解剖。」不過猴子當然也有做不到的事情，那就是詮釋我們在屍檢中發現的證據，這需要經驗、觀察力和判斷力，通常還要結合醫學知識與健康常識，才能達到我們想要的目標。不過好消息是：熟能生巧，只要多練習就會變得更好！在過去幾年，我在柏林進行了超過兩千次的屍檢，這些經驗都是我的資產。

不知道大家有沒有聽過一個很爛的醫學老笑話，至少很多醫生應該都聽過，內容是：

「外科醫生什麼都辦得到，但什麼都不知道；內科醫生什麼都知道，但什麼都做不到；法醫既知道也辦得到，但已經太晚到。」

不是這樣的！我們所做的一切並沒有太遲，除了讓死者為自己發聲外，我們的工作對活著的人也有幫助！我們的大部分研究都是為了保護患者和傷者，我們會把從死者那裡獲得的知識傳遞給其他醫學領域的同事。以我個人為例：多年來，我一直致力於提高街頭重傷者（例如意外事故中的傷者）的治療品質，這當然和我的個人職業生涯有關，因為我在救護隊工作了好幾年。總而言之，我和柏林其他領域的專家一起提出了一項獨特的「醫療品質管理體系」的提案，其目的為：共同思考新的治療方式，並以批判的眼光審視迄今為止通用的救護人員指南，希望能增加重傷者在到院前存活下來的機會，而這一切都是基於好幾年來的屍檢結果。比如說，如果傷者的胸部被刀刺傷，正確的程序是什麼？如果有不穩定的骨盆損傷，應該使用什麼設備？如果患者疑似主動脈剝離，第一時間該怎麼做？目前，這個跨學科交流在柏林已經有了很好的成果，我也很樂見這些知識與經驗被傳播到全德國，甚或是世界各地。

二〇二〇年為醫學界帶來了全新的挑戰，而在法醫學領域也是如此。在封城結束後的幾個月，我們還是時常接到獨自死在家中的屍體，他們是因為害怕疫情，所以沒能及時去醫院治病嗎？如果是這樣的話，當未來又有疫情發生，我們有什麼更好的方法來保護「患者」這個群體？這些問題雖然還沒有正確答案，但相關的學術研究已經在進行當中，而我們法醫學者自然也參與在其中。

最後，我想藉著這個機會來感謝所有同事：他們非常的優秀，在過去的十三年裡，我們一起度過了許多精彩有趣、充滿啟發性的時光。馬上就是二〇二一年了，有什麼在前方等著我們呢？也許我會在下一本書裡告訴你。在那之前，請保持身體健康，多關心自己和身邊的人！

克拉斯．布許曼

二〇二〇年十一月

致謝辭

首先我要感謝我太太，謝謝她的愛與忍耐，以及對我的日常工作展現出的理解。她總是和我一起面對工作中的壓力，即使我半夜有時候必須爬起來往案發現場衝（其實還滿常發生的），也還是給予我支持。謝謝你，C，你是最棒的！

我也要謝謝我的「共同作者」：艾絲翠・黑爾波特（Astrid Herbold），在過去幾個月和我一起踏上「出書」這個冒險。我們進行了許多長時間的訪問，而她總是能提出正確的問題，讓整個故事變得更完整。我還要謝謝烏爾斯坦出版社（Ullstein）的漢娜・費茨（Hannah Fietz），感謝她的出色引導和精心編輯。

我已經向柏林夏里特醫院法醫部門的同事們致上了感謝，但我還要謝謝所有參與本書案件的警員、消防隊員和救護隊員，在此向他們致上謝意與敬意，如果沒有他們，我們所居住的城市不會如此安全。

當死者說話時

犯罪迷必讀！最緊張懸疑的第一手真實案件，
看資深法醫如何抽絲剝繭，為死者發聲

作者克拉斯・布許曼 Claas Buschmann
譯者魏佐君
主編丁奕岑
封面設計羅婕云
內頁美術設計李英娟

執行長何飛鵬
PCH集團生活旅遊事業總經理暨社長李淑霞
總編輯汪雨菁
主編丁奕岑
行銷企畫經理呂妙君
行銷企劃專員許立心

出版公司
墨刻出版股份有限公司
地址：台北市104民生東路二段141號9樓
電話：886-2-2500-7008／傳真：886-2-2500-7796
E-mail：mook_service@hmg.com.tw
發行公司
英屬蓋曼群島商家庭傳媒股份有限公司城邦分公司
城邦讀書花園：www.cite.com.tw
劃撥：19863813／戶名：書虫股份有限公司
香港發行城邦（香港）出版集團有限公司
地址：香港灣仔駱克道193號東超商業中心1樓
電話：852-2508-6231／傳真：852-2578-9337
製版・印刷漾格科技股份有限公司
ISBN978-986-289-664-8・978-986-289-665-5（EPUB）
城邦書號KJ2038 **初版**2021年11月
定價360元
MOOK官網www.mook.com.tw
Facebook粉絲團
MOOK墨刻出版 www.facebook.com/travelmook

國家圖書館出版品預行編目資料

當死者説話時：犯罪迷必讀！最緊張懸疑的第一手真實案件，看資深法醫如何抽絲剝繭，為死者發聲/克拉斯・布許曼作；魏佐君譯. -- 初版. -- 臺北市：墨刻出版股份有限公司出版：英屬蓋曼群島商家庭傳媒股份有限公司城邦分公司發行, 2021.11
208面；14.8×21公分. -- (SASUGAS ;38)
譯自：Wenn die Toten sprechen: Spektakuläre Fälle aus der Rechtsmedizin
ISBN 978-986-289-664-8(平裝)
1.犯罪 2.罪犯 3.法醫學 4.鑑識
548.5　　　110017349